マタイによる福音書

〈13章から16章の説教〉

林 勵三

一麦出版社

Soli Deo Gloria

目次

装釘　鹿島直也

114

一三章一—九節

その日、イエスは家を出て、海べにすわっておられた。ところが、大ぜいの群衆がみもとに集まったので、イエスは舟に乗ってすわられ、群衆はみな岸に立っていた。イエスは譬で多くの事を語り、こう言われた、「見よ、種まきが種をまきに出て行った。まいているうちに、道ばたに落ちた種があった。すると、鳥がきて食べてしまった。ほかの種は土の薄い石地に落ちた。そこは土が深くないので、すぐ芽を出したが、日が上ると焼けて、根がないために枯れてしまった。ほかの種はいばらの地に落ちた。すると、いばらが伸びて、ふさいでしまった。ほかの種は良い地に落ちて実を結び、あるものは百倍、あるものは六十倍、あるものは三十倍にもなった。耳のある者は聞くがよい」。

「その日」ですから、一二章でお話しになった日と同じ日です。ただ、別の場所に移っています。「大ぜいの群衆がみもとに集まって」来ました。そこには律法学者・パリサイ人の姿はありません。彼らは「海べ」——湖のほとりで語るのはせいぜい雑談としか思わなかったのかもしれません。会堂で語るような、権威のある話ではあるまい。だから、行かない。律法学者はそういう人です。海べで語るイエスの話などたいしたことはあるまい。そう考えて足を運ばない。そういう人たちとは裏腹に、貧しい群衆は福音を聞くためにイエスのみもとに急ぎます。

「イエスはすわっておられた」――。多くの人に敵対され、疲れ、失望して、静かな海べでじっと考えていたのではありません。群衆が集まってくると、舟に乗って話をはじめます。かねてから設けられていた説教壇ではありません。たまたまそこにあった一そうの小舟です。それを用いた。場所は湖のほとり。説教壇は貧しい小舟。これはイエスにとって残念なことだったのでしょうか。そうではありません。彼はみずからを低くし、しもべのかたちをとられました。ベツレヘムの馬小屋の貧しい誕生から十字架の死に至るまで。今は、すべての人が思いのままに、ご自分のもとに来ることができるようにされました。

多くの群衆が集まりました。イエスは彼らに何を話されたのでしょうか。多くの事を語りました。おそらくここに書いてあることはその一部分でしょう。「多く」とはいえ、多弁というわけではありません。しかも内容はすばらしく、なくてならぬことばかりでした。彼は「譬」で多くのことを語りました。その多くは「天国の譬」です。天国とは静止した、争いのない状態のことではなく、生きて働く神の現実のことです。

旧約の預言者たちも譬を用いて語りました。譬はわかりやすい物語りですが、本来の意味は聞く人たちにわかってもらえるものではありませんでした。神は預言者たちによって譬を語られましたが、神は終りの時に、イエス・キリストの口を通して人びとに語られたのです。預言者たちはかしこく、知恵のたくみな言葉で語りました。しかし、神はこの終りの時に、キリストによって天国のことを、譬でお話しになられたのです。

「種まきが種をまきに出て行った」――。種は人のこころの中にまかれます。しかし、人の生まれつきの性質や才能、気質はさまざまなので、実の結びかたは一様ではありません。

最初の種は「道ばた」に落ちました。落ちるというのは不思議です。耕された土地に丁寧にまかれたのではありません。「道ばた」とはどういうところでしょうか。靴をはいた大ぜいの人が歩いて通り、馬車などがふみこえていったので堅くなった土地のことです。道ばたに落ちた種を見つけた鳥は喜んでそれを食べてしまった。大ぜいの群衆は湖のほとりでイエスの話を聞いています。ふみにじられた土地ではない。しかし、種にとっては堅くなってしまった土地と、よく似た土地であったと言うことができるのではないでしょうか。

ほかの種は「土の薄い石地」に落ちました。「石地」とは葉が落ちて腐り、土となっても薄すぎて根を深くおろすことができない土地のことです。だから、小さな植物は芽を出しても、すぐ枯れてしまいます。石地は種が落ちて良い印象をもったが長続きしない。道ばたと石地とを比べてみましょう。後者のほうがずっとましです。種を受け入れないで鳥に食べられてしまう。しかし、石地はすぐに芽を出しても、根がないので日がのぼると焼けてしまう。

「いばらの地」に落ちた種。種がまかれたとき、あるかないかだったいばらが伸びて、ふさいでしまった。この場合、石地とはちがって根はありました。石地の場合より、一歩進んでいます。だから、ここには競争が見られます。この土地はいばらの所有地でほかの種がまかれても、いばらが伸びて、それをふさいでしまう。

「良い地」に落ちた種。「良い地」をほかの三つと「実を結ぶ」という点で区別されます。良い土地とはつくられたはじめの時から良い土地で、必然的に良い実を結ぶというわけではありません。はじめは悪い土地でも耕されて良い土地となるのです。こころにとめて注意しなければならないことは、種がまかれてもこんなものは空しいものとする土地がすくなくないということ。すくなくないというより大多数と言うほうがよいかもしれません。しかし、まかれた種を受け入れて用いる少数の土地があります。むなしくということはまかれた種が何の収穫もないまま、種まきのもとに帰ってゆくということです。しかし、種を受け入れて実を結ぶ土地はかならずあります。その土地は百倍、六十倍、三十倍の実を結びます。

「聞く耳のある者は聞くがよい」――。聞いてまだ悟っていない群衆に、一九節以下がその意味をわかりやすく説きあかします。

115

一三章一〇―一五節

それから、弟子たちがイエスに近寄ってきて言った、「なぜ、彼らに譬でお話しになるのですか」。そこでイエスは答えて言われた、「あなたがたには、天国の奥義を知ることが許されているが、彼らには許されていない。おおよそ、持っている人は与えられて、いよいよ豊かになるが、持っていない人は、持っているものまでも取り上げられるであろう。だから、彼らには譬で語るのである。それは彼らが、見ても見ず、聞いても聞かず、また悟らないからである。こうしてイザヤの言った預言が、彼らの上に成就したのである。

『あなたがたは聞くには聞くが、決して悟らない。
見るには見るが、決して認めない。
この民の心は鈍くなり、
その耳は聞えにくく、
その目は閉じている。
それは、彼らが目で見ず、耳で聞かず、心で悟らず、
悔い改めていやされることがないためである』。

なぜ譬を用いてお話しになられたのでしょうか。これまではあまり譬を用いなかったからです。ここで説教を聞いているのは弟子たちと群衆です。なぜ、わたしたちにとは言わないで、「彼ら」――群衆に――と言ったのでしょうか。話されたことはわたしたちにはよくわかっている。わたしたちはあなたから聞いて神のことがよくわかっている。しかし、群衆はわかっていない。なぜ、直接、神について話さないで譬で話されるのですか。

弟子たちの問いに対してイエスはお答えになります。「あなたがたには、多少天国の奥義を知ることが許されているが、彼らには許されていない」からです。弟子たちには、天国の奥義を知る知識がある。しかし、なにも知らない群衆はまだ乳飲み子にすぎないので、ほかの方法で天国についての深い教えを受け取る力はない。だから、このようなわかりやすい譬を用いて教えなければならない。そういう人が少ないとは言えない。知ろうとして努力もしないし、譬を聞いても、それはどういう意味ですかと質問することもしない。だから成長もしないし、かしこくもならない。しなくてはならないことをしない怠慢と言うことができるでしょう。考えなければならないことは「天国の奥義」です。福音書では一度だけ用いられている言葉です。一般の人にはわからないイエスの神の国の教えが奥義です。キリストによる救いのわざははじめから終りまでが奥義ですが、これは神ご自身があきらかにしてくださることによるほかありません。この時、弟子たちにはその一部分があきらかにされただけでした。それが跡も残らずあきらかになったのは復活ののちのことでした。しかし、「天国の奥義」はわたしたちの気持ちを衰えさせたりするのではなく、むしろ、知ろうとする気持ちが大きくなります。弟子たちにはこの奥義を深く知ろうとする気持ちがあります。知識は神からの賜物でそれが弟子たちに与えられています。なぜなら、彼らはイエスと共に生きる人だったからです。わたしたちもキリストと共に生きる人であるなら、天国の奥義を深く知るようになります。弟子たちは恵みを持っている人。その人は持っているだけでなく、さらに与えられて豊かになる。神の恵みはさらに豊かになる恵みの手付金です。まず与え、その上にさらに加えられる。イエスの弟子たちがそうでした。

「持っていない人は、持っているものまでも取り上げられる」——。脅迫されるという感じです。ひとかけらも持っていない人。持っていても正しく用いない人。草木は元気を失い、与えられたよき賜物は朽ち果てる。恵みが与えられても宝の持腐れ。それを押し通すようなら与えられた恵みそのものが取り上げられてしまいます。これでイエスとのかかわりを持った人に二種類あることの説明となります。

ここで旧約の言葉の成就としてイザヤ書六章九—一〇節が引用されます。イザヤは神の恵みをわかりやすく語る預言者ですが、その恵みが軽く見られ、その行きつく終りまでを預言しました。イザヤの預言がキリストの時代に成就——実現——した。イザヤは神の言葉を聞いてそれを人びとに伝える良心的な預言者でした。人は何によって生きるのか。人によってそれぞれ異なっています。その立っている根拠もそれぞれちがっています。そういう人びとにむかってイザヤは語りかけました。しかし、聞いた人びとのこころは不安になり、あわてふためきました。それにもかかわらずイザヤは語りつづけなければなりませんでした。

一四節の後半から一五節にかけて、マタイはイザヤの言葉を少し変えて書き記しています。イザヤは良心的な人と言いましたが、マタイの場合はそうではありません。神のみ言葉をあやまることなく伝える人のことです。しかし、イザヤの場合はそうではありません。ふつう、良心と言えば、生まれつき持っている善悪を判断するこころのことです。しかし、人びとは「聞いても悟らず、見るには見ても、決して認めない」。こういう状態はキリストの時代も同じでした。それは今でも同じように続いています。その民のこころはかたくなになり、鈍感になるという意味。肥え太って脂肪のようになって神をさげすむ。こころが重い時、聞いたことが耳にはいってこない。それはよくあることです。時間と空間を超えて、神の言葉を聞いてもみこころを悟らず気づかない。それは最大の罪、最人のさばきであると言えるのではないでしょうか。忘れてはならないこと。「悔い改め」――神への立ち帰り――に必要なことは見る、聞く、悟るということです。なぜなら神は、感情に動かされたりしないで理性に従って行動する存在として人間をお造りになったからです。だから、罪人の滅びは神によるのではなく人間によるのです。神は人を考えて行動する人として扱われます。神は聞こえない耳、閉じた目を開くことによってそのこころを変えられます。立ち帰る人はみな、神にいやされるでしょう。罪人の滅びは神によるのではなく、人間自身の罪によるのです。立ち帰ることもしないでいやしを求めるのは愚かなことです。長いあいだ、み言葉を拒みつづけてきた人。長い間、主の言葉を聞こうとしなかったエジプトの王パロのこころは鈍くなり、かたくなになりました。それだから、わたしたちは神の恵みにそむく罪を犯し、そののち罪からのがれることができない人間になってしまうことを恐れなければなりません。

キリストの弟子とは、かれから教えられたいという強い願いを持つ人のことです。譬話を聞くことによって、知識は増し加わります。神のことがわかりやすく、親しみやすく、覚えやすいものとなります。イエスの教えを聞きつづけてきた弟子たちはその教えの中から神のこころを聞き取ってきました。彼らは多くのものを見、さらに多くのものを見るようになりました。多くのことを聞く機会はキリストに従うことによって得られるのです。キリストに従う人には日ごとにその機会があり、その恵みを受けるのです。

116

一三章一六—一三節

しかし、あなたがたの目は見ており、耳は聞いているから、さいわいである。あなたがたによく言っておく。多くの預言者や義人は、あなたがたの見ていることを見ようと熱心に願ったが、見ることができず、またあなたがたの聞いていることを聞こうとしたが、聞けなかったのである。そこで、種まきの譬を聞きなさい。だれでも御国の言を聞いて悟らないならば、悪い者がきて、その人の心にまかれたものを奪いとって行く。道ばたにまかれたものというのは、そういう人のことである。石地にまかれたものというのは、御言を聞くと、すぐに喜んで受ける人のことである。その中に根がないので、しばらく続くだけであって、御言のために困難や迫害が起ってくると、すぐつまずいてしまう。また、いばらの中にまかれたものとは、御言を聞くが、世の心づかいと富の惑わしとが御言をふさぐので、実を結ばなくなる人のことである。また、良い地にまかれたものとは、御言を聞いて悟る人のことであって、そういう人が実を結び、百倍、あるいは六十倍、あるいは三十倍にもなるのである」。

イエスは弟子たちに対しあなたがたは「さいわいである」と言われます。見ることができるということがキリストの時代の人びとに約束されたさいわいです。「さいわい」というのは山上の説教の冒頭の「さいわい」ですが祝福という意味でもあるということと同じです。物分りがまだ十分ではない弟子たちでも預言者や義人より祝福されています。さいわいな人とは、天国の奥義を知り、その知識が次第に成長して完成に至る人のことです。キリストを知る知識はそれを知る人には豊かな恵みとなりますが、同時に、それを宣べ伝える義務をともないます。弟子たちは教えるつとめのために召し出されたのですから、彼ら自身、人間が生きるということはどういうことなのか、目で見、耳で聞き、こころで悟るさいわいをキリストから与えられた人と言うことができます。

旧約時代の人びとはやがて到来するキリストの福音をちらりと見ただけですから、よりたしかにその実体を見たいという希望がありました。彼らは大いなる救いとイスラエルの慰めとを待ち望んでいました。しかし、さいわいなことに弟子たちの目は見ており、耳は聞いています。イエスは、あなたがたはさいわいであると言われます。「目で見ており、耳で聞いているから、さいわい」なのだと言われるのです。多くの預言者・義人は神を知らない。それにもかかわらず人に教えている。あなたがたは彼らよりはるかにさいわいな人であるとイエスは言われます。さいわいな人とは、天国の奥義を正しく知り、さらに知識が増大していく人のことです。

そこでイエスは、譬を用いてお話しになります。一八節以下。譬そのものを借用して簡潔に語り、その意味を解説なさいます。四つの譬ですが、だれにもわかるように、日ごろ目につくことがら、ここでは農夫の種まきを取り上げてお話しになります。種がまかれる土地とは人のこころのことです。四種類の土地についてお話しになります。四つの土地にはそれぞれ特徴があります。四つのうち、一つだけが良い土地と言われます。実を結ばない土地の方がはるかに多い。イザヤは「だれがわれわれの聞いたことを信じ得たか」と言いました。この譬によると、話しを聞いて完全に実を結ぶのはどうにかこうにか四人に一人です。呼び出される者は多くても招かれる者は少ないのです。

四つの土地の場合。どういう聞き手が「道ばた」にたとえられるのでしょうか。聞いても悟らない人のことです。悟らないのは彼ら自身が悪いから。聞きとろうとしない人。道ばたは種をまくところとは考えられない。道ばたにたとえられる人は弟子たちが来て座りこみ、話しを聞いているから。それだけのことです。右の耳にはいったことばは左の耳から出て行ってしまう。どうしてそうなってしまうのか。「悪い者が来て、その人のこころにまかれたものを奪いとって行く」からです。それは鳥がきて食べてしまうのと同じです。どういう聞き手が「石地」にたとえられるのでしょうか。聞いたみ言葉から良い印象を受けた人のことです。しかし、「根がないので、しばらく続くだけ」。長続きしない人。彼らには人に先立って成長する可能性があります。それでも天国にまでは到達しない。語られる言葉に対して耳をふさぐこともありません。しかし、そここにとどまっているだけ。「喜んで受ける」というのは、聞くのが速いということです。勘のいい人。これでは天国にはいれません。根がない。根であるキリストに結ばれていない。パウロの言葉によるなら、キリストにあって――在って――生きなければならないのにそれがありません。だから試練の時が来るとすぐつまずいてしまいます。どういう人が「いばらの地」にたとえられるのでしょうか。いばらは良い働きをすることがあります。場所によっては落ちた種を保護します。しかし、畑にあるとなると共存することはできません。そこにはいばらが伸びてふさいでしまった。み言葉を聞いてそれを受けいれても、いばらで押えつけられてしまう。世のこころづかい。それは天国に対するこころづかいをふさいでしまいます。注意したいこと。この世のこころづかいは、神に通じる道を大きく妨げます。富の惑わし。真面目に働いて富を得た人、そういう人はこころづかい――心配事――がなくなるので危険は去ったと思われるかもしれません。しかし、まだ、わなにかかる危険をはらんでいます。富に頼ってそれに満足する。このことがこころづかいに劣らずというより、こころづかい以上にみ言葉をふさぎ、実を結ばなくなってしまうからです。富はとりわけ否定されるものではありません。心配しなければならないのは富の惑わしです。富に信頼を傾け、富があればもう安心。そういう人が実を結ばなくなる人のことです。富に期待をかけなければ、あざむかれるということもありません。種が芽を出しても実を結ばないのは、あり余る富によるのです。

最後は「良い地」にまかれた種です。種はいつも良い地にまかれるわけではありません。み言葉をよく聞く人。み言葉はすべての人に聞かれるわけではありません。実を結ぶ人がいます。その人はキリストの弟子になります。良い地とされる聞き手とはそれを聞いて悟るかしこい人。それから実を結ぶ聞き手のこと。最後に実を結んでも一様ではないということ。「百倍、六十倍、三十倍」となる。多くの実を結ぶ人と少しばかりの実を結ぶ人がいます。しかし、三十倍しか実を結ばない人にも神の祝福があることはたしかです。み言葉を聞く人は神の祝福の中にあるのですから。

九節の「聞く耳のある者」という言葉で注意をうながしこの譬は終ります。聞くということは神のことばを聞くということ。いろいろなことを聞いても神のことばを聞くということ。聞く感覚でこれ以上のものはありません。神のことばを聞いて悟る人は決して多くはなく、少数者にすぎません。しかし、聞いて受けいれる少数者がいるのです。イザヤ書五五章一一節には「わたしの口から出る言葉も、むなしくわたしに帰らない」と預言されています。これはやがて到来するキリストを預言する言葉です。

117

一三章二四—三〇節

また、ほかの譬を彼らに示して言われた、「天国は、良い種を自分の畑にまいておいた人のようなものである。人々が眠っている間に敵がきて、麦の中に毒麦をまいて立ち去った。芽がはえ出て実を結ぶと、同時に毒麦もあらわれてきた。僕たちがきて、家の主人に言った、『ご主人様、畑におまきになったのは、良い種ではありませんでしたか。どうして毒麦がはえてきたのですか』。主人は言った、『それは敵のしわざだ』。すると僕たちが言った『では行って、それを抜き集めましょうか』。彼は言った、『いや、毒麦を集めようとして、麦も一緒に抜くかも知れない。収穫まで、両方とも育つままにしておけ。収穫の時になったら、刈る者に、まず毒麦を集めて束にして焼き、麦の方は集めて倉に入れてくれ、と言いつけよう』」。

くり返しますが、天国とは生きて働く神の現実のことです。この譬は「良い種を自分の畑にまいて」、その成長は神にまかせる主人の譬です。種まきという人間の作業と、芽を出させ実を結ばせる神のわざ。「良い種を自分の畑にまいておいた人」はのちに主人と言い換えられ、人びとは僕と言い換えられています。

毒麦は「人々が眠っている間に」まかれました。昼は労働の時間・夜は眠り――安息の時間です。「日かげもやすろう　ころにしあれば　父にぞゆだねん　きょうまきしたねを」という讃美歌が思いだされます。きょうまいた種は芽をだすだろうか。それは空しい思いわずらいです。思いわずらう必要はありません。思いわずらう必要のない眠りのとき。しかし、人びとが眠っている時は、敵にとっては有利な働きの時です。人びとが眠っている間に敵がきて、よい麦の中に毒麦をまき、なんの害も与えなかったかのようにして立ち去りました。もし、敵が毒麦をまいたなら、仮りに立ち去ったとしても毒麦は自然に芽を出す。しかし、良い種をまいたなら話は変ってくる。注意を怠らず水やりをしたり、囲いをしなければ、だめになってしまいます。毒麦があらわれるのは芽がはえ出て、実を結んでからです。敵のこころの中にある隠れた悪は最後には吹き出してきます。毒麦も良い種と同じように長い間、土の下に横たわっていました。そして芽が出たとき、毒麦と良い麦とを区別することはむずかしい。しかし、成長して実を結ぶと毒麦もあらわれてきました。そして、芽ばえて実を結ぶころとなり、麦と毒麦との区別をつけることになるとき、これが麦であちらは毒麦だと言えるようになります。僕たちは毒麦がはえてきたのを見ました。毒麦がまかれていないか注意していたのではなく、たまたま見たのです。彼らは言いました。「ご主人様、畑におまきになったのは、良い種ではありませんか」と言いました。そのとおりです。

「どうして毒麦がはえてきたのですか」――。これもとうぜんの問いです。主人の農園に毒麦を見るのは悲しいことです。主人はなぜ毒麦がはえたのかすぐにわかり「それは敵のしわざだ」と言いました。まいた人に責任はないと言われたのです。つまずきが起こることを避けることはできない。種まきが、義務を忠実に果しているなら、そのために非難されることはない。彼らが眠っていても、また毒麦がまかれても、彼らがまいたのではなく、水やりもせず、そこにはえることを許したのでなければ、責任はないでしょう。しもべたちはすぐ毒麦を根こそぎ抜き集めましょうかと言います。彼らは熱心ではあっても軽はずみでした。なぜなら、主人と相談もしないで毒麦を根絶しようとしたからです。「抜き集めましょうか」というしもべたちをさえぎり、いや、「収穫までそのままにしておけ」。「毒麦を集めようとするなら、麦も一緒に抜くかもしれない」、と言います。これはかしこい言いかたです。なぜなら、どんな人でも麦と毒麦とをまちがえなく区別することはできませんから。だから、まちがえて麦を一緒に抜いてしまうぐらいなら、むしろ、毒麦も抜かないでそのままにしておけと言う。この主人は知恵のある人であり、恵み深い人でもあるのです。この主人はかしこい人であると同時に真実な人です。また平和な人でもあります。なぜなら、毒麦は抜き取られてしまってはいけない、というだけでなく、柔和なこころでいましめられなければならない。毒麦も忍耐する主人のもとで、抜かれないままでいるなら、良い麦になるかもしれません。

「収穫まで、両方とも育つようにしておけ」――。主人はそう言うのです。収穫の日にはまず毒麦が束にして焼かれると言われる。毒麦と麦はこの日まで一緒にあります。分別されることはありません。分けられるのは収穫の日です。その時、麦の中に毒麦はありません。良いものと悪いものとを分けることは収穫の日まではむずかしいかもしれません。しかし、その日には分けられます。これは麦、これは毒麦と、はっきりしてきます。どちらも同じように実を結んでいるにもかかわらず、分別をまちがえることはありません。刈る者はまず、毒麦を束にして集めます。分別することは、今、ここではむずかしいかもしれない。しかし、収穫の日には毒麦ははいっていません。その日、毒麦は一つにまとめて束にされ、火で焼かれます。麦のほうは毒麦から分別されて倉におさめられます。「倉」とは天国のことです。毒麦と同じように束ねられ、倉に入れられて守られ、実を包んでいるもみがらからも分けられます。

118

一三章三一—三五節

また、ほかの譬を彼らに示して言われた、「天国は、一粒のからし種のようなものである。ある人がそれをとって畑にまくと、それはどんな種よりも小さいが、成長すると、野菜の中でいちばん大きくなり、空の鳥がきて、その枝に宿るほどの木になる」。

またほかの譬を彼らに語られた、「天国は、パン種のようなものである。女がそれを取って三斗の粉の中に混ぜると、全体がふくらんでくる」。

イエスはこれらのことをすべて、譬で群衆に語られた。譬によらないでは何事も彼らに語られなかった。これは預言者によって言われたことが、成就するためである、

「わたしは口を開いて譬を語り、
世の初めから隠されていることを語り出そう」。

三一—三二節は、からし種の譬です。この譬のねらいは、はじめは小さくても、終りは大きくなる、というところにあります。このようにして天国はこの世のただ中に建てられます。こうし

て、わたしたちのただ中にある恵みのわざ、天国は終りの日に、特別に選ばれた人によって営まれることになるでしょう。

神のわざ――天国――についてこころにとめたいこと。それは「どんな種よりも小さいからし種のようなもの」とイエスは言われます。からし種は指でつまむこともできないほど小さな種です。それにもかかわらず、小さなからし種が畑にまかれると「野菜の中でいちばん大きくなり、空の鳥がきて、その枝に宿るほど」大きな木になる。まかれた畑は気がつかないかもしれません。それほど小さいのです。それにもかかわらず着実に成長していきます。強く、有用な木になるのです。福音書に「教会」という字はマタイ一六章と一八章に三度あるだけですが、この譬でも暗に教会ということが言われているのではないでしょうか。空の鳥の住み家となる。教会は成長した木のようなものです。主の民の群れである教会には食べ物、休息。暑さをさえぎる大きな木が助けの綱となります。成長する小さな種、それは人に大きな恵みをもたらし、からし種が、鳥がその枝に巣をつくるように、ほかの人に対して役立つようでなければなりません。その木陰に住む人に役立つようにならなければならない。

パン種の譬は、からし種の譬と同じで、天国は大きくなり実を結ぶが、その成長に気づく人がないほどに静かである、ということが言われています。受け取る人のこころの中でパン種と同じように働く。

「パン種を取って三斗の粉の中に混ぜる」――。これが女の仕事でした。女という弱い器の中に天国の宝が隠されています。パン種はもみがらを穀粒から取り去っただけの麦では働きはじめません。同じように天国も砕かれていない魂の中では働きません。悔い改めていない魂の中では働かない。「三斗の粉」とはすくなくない、かなりの量の粉です。というのは、ひとつまみのパン種がこねた粉全体をふくらませるからです。発酵させるということでしょう。粉はパン種がはいる前によくかきまぜておかなければなりません。パン種はそこで働き、ふくれてパンになります。それには時間が要るわけではありません。しかし、同じように天国は一つの働きですが、パン種のように、時間をかけずに働くのではなく、気づかないようにゆっくりと働きます。発酵するとき、音はたたないでしょう。それが天国の働きです。ねり粉の中にパン種を入れるとパン種とねり粉がたがいに反応し合って味や風味が出てきます。その様子を見てもそれをさしとめることのできる思想、人生観、哲学もありません。しかし、粉の中にパン種がまかれると、全体がゆっくりとふくらんできます。

からし種は畑の中で、パン種は粉の中で消えてしまいます。命を失うのです。それはより大きなものを生みだすために自分を犠牲にする出来事ではないでしょうか。そうすると、この二つの譬でイエスは、ご自分をむなしくしてしもべの形をとり、十字架の死にまで至るご自分の死についてお話しになったのではないでしょうか。

この譬を聞いている弟子たちは、やがて、人びとに福音を語りかける人となりました。この世を騒がせていると言って非難された弟子たちの語りかけは、空の鳥を宿す「木」となり、福音のかおりを放つ「パン」に成長しました。この世の力に戦いをいどんでも敗北しない力に押し出されてではありません。聖霊の力によって働かせてくださったことのほかには何も語ろうとは思わなかった、とパウロは言います。

イエスはなぜ、譬を用いて説教したのでしょうか。時がまだ来ていないからです。聞き手はじっと待ち続けるようにということ。わかりやすい説教をのぞまない人には譬を用いて語る。その理由をここには「預言者によって言われたことが成就するため」であったとあります。ここでは詩篇七八篇二節が引用されています。「わたしは口を開いて譬を語る」――。それを取り入れています。このような先例が譬を用いることをいぶかる人をおさえることに役立ったのではないでしょうか。ここでイエスは「世の初めから隠されていたこと」をお語りになりました。神のなさることは隠されていた。それをいま、「語りだす」と言われるのです。旧約の古い文書が喜んで読まれてもその意味が隠されているなら、キリストによってそれが明らかになることは喜ばしいことではありませんか。キリストの中には古代の秘密と記録、あらゆる徳といわれるものがつまっているのですから。そして、それがいま、約束の子孫たちにあきらかにされたのです。

一三章三六―三八節

それからイエスは、群衆をあとに残して家にはいられた。すると弟子たちは、みもとにきて言った、「畑の毒麦の譬を説明してください」。イエスは答えて言われた、「良い種をまく者は、人の子である。畑は世界である。良い種と言うのは御国の子たちで、毒麦は悪い者の子たちである。

「それからイエスは、群衆をあとに残して家にはいって行かれました」――。今まで語ってきたことが群衆に理解されたかどうか、心配もあったのかもしれません。だから「家にはいられた」ということは、休息をかねて、これまで話したことをふりかえってみたいという気持ちがあったのではないかと想像することもできるでしょう。

「すると弟子たちが、みもとにきて、畑の毒麦の譬を説明してください」と言いました。頼みこんだのかもしれません。わたしたちは群衆より聞く力がある。それでもまだ十分にわかったわけではない。こういう謙虚さが弟子たちにもあったのではないかと思われます。何もわからないと言っているのではありません。しかし、不十分ですと言っているのです。はいって行った家は、弟子たちと語り合う適切な場所となりました。イエスには天国の現在と未来のすがたについて答える用意がありました。教会は地上における神の国であると呼ばれています。そこにはわずかではあっても残された者がいるのです。イエスは弟子たちの求めに応じてひとつひとつ、説明されます。

「良い種をまく者は、人の子である」――。イエスは畑の主、収穫の主です。良い種をまく人です。やがてキリストは天に帰り、「良い種まき」が残されました。その賜物はすべてキリストから出たものであり、彼によってまかれたものです。「まく」ということは真実であるキリストの言葉をまくということです。弟子たちは良い種をまくためのキリストの道具です。キリストが用いているのです。弟子たちの労働――たねまき――が良い実を結ぶかどうかは、ほかのどんな点から見ても余計なものが少しもまじっていないで、キリストの祝福に依存しています。そのほかにはありません。彼は「人の子」です。それはわたしたちのうちの一人ということです。

畑は良い実を結ぶことのできる「人間の世界」です。だから、まかれた種は良い実を結ばなければならない。もし、悪い実を結ぶとしたらなさけないことだ。畑は特定の場所だけでなく全世界にひろがっています。ここで「世界」というのは人間とのかかわりにおいて用いられているのです。世界は人間とほとんど同じ意味です。あなたがたは世の光であるというとき、人間に対する光ということでしょう。二四節で「自分の畑」と言われていることを思いだしましょう。世界とはキリストの畑のことです。すべてのことが、父からキリストに任せられているからです。

「良い種と言うのは御国の子どもたちのこと」です。まことのイスラエルはキリストに信じ従う生きかたを失うことはありませんでした。彼らは良い種、貴重な種であったと言うことができます。種は畑にまかれても形ばかりで実を結ばないのではなく、実際に畑を満たしているのですから、聖なる種です。弟子たちも同じように畑、人間の世界にまかれます。種は人びとの希望です。弟子たちは世の光、希望となります。

「毒麦とは悪い者の子たちである」――。彼らは自分たちの名前をあきらかにしないとしても、悪魔の子としての教育を受け、その欲望を満たすために働きます。悪魔が彼らの中で働き支配しています。自分の父、すなわち悪魔から出た者で、父の欲望どおりに行動しようと思っています。彼らは神が造られた畑――世界――の中にまかれた毒麦です。毒麦は自分自身のためになることは何もしないで、良い種に被害をもたらします。毒麦は麦と同じ畑にまかれ、太陽の光を受けるのも、恵みの雨によってうるおされるのも麦と同じです。たしかに、この世界には麦と毒麦とがまじって存在しています。麦は実を結び、毒麦は焼かれて死に至るのです。良いことの反対は悪いこと。善と悪とは対立している。ふつう、そう考えるでしょう。しかし、ここでイエスが言われるのはそういう人間の常識を超えた生命と死という問題です。

120

一三章三九―四三節

それをまいた敵は悪魔である。収穫とは世の終りのことで、刈る者は御使たちである。だから、毒麦が集められて火で焼かれるように、世の終りにもそのとおりになるであろう。人の子はその使たちをつかわし、つまずきとなるものと不法を行う者とを、ことごとく御国からとり集めて、炉の火に投げ入れさせるであろう。そこでは泣き叫んだり、歯がみをしたりするであろう。そのとき、義人たちは彼らの父の御国で、太陽のように輝きわたるであろう。耳のある者は聞くがよい。

「毒麦をまいた敵は悪魔です」――。悪魔はさいわいな人生を送る人びとに対する強力な恨めしい相手です。この世界に対して戦いをいどむ敵で、自分だけが使える畑を作ろうとして毒麦をまきます。悪魔はみずから悪霊になりきって、悪の力を拡大するため力をふるってきました。良い実を結ぶ麦に対抗するのが毒麦のねらい。そのねらいを定めたのが良い麦の畑です。そこが彼らの働く場所。

「収穫とはこの世の終りのことです」――。この世には永遠に続くものはありません。終りがあります。時は永遠に飲みこまれてしまいます。この世には終りがあります。それは収穫の日です。収穫の日には麦も毒麦もすべてが成熟し、刈り取られる準備ができています。良い実が悪い実とされ、悪い実が良い実とされることはありません。神は良い実と悪い実をまちがえて、あなどられるようなかたではありません。

「刈る者は御使たちである」――。御使たちはキリストによる救いを伝える使として用いられ、終りの日のさばきのために用いられます。二五章三一節を見てください。「人の子が栄光の中にすべての御使たちを従えて来るとき、彼はその栄光の座につくであろう」とイエスは言われます。御使たちはキリストに従うしもべ、罪人の敵ですからこのようなつとめにかなったものと言うことができます。刈る者は報酬を受けますが御使は刈り入れの労働に対する報いはありません。新約聖書における応報の思想はたやすく理解できるものではありませんが、おそらく、終りの日のさばきということにつながっているのでしょう。つまり、まく者と刈る者が共に喜ぶということ。天国の喜びに共にあずかるということではないでしょうか。

「だから、毒麦は集められて火で焼かれます」――。刈る人は毒麦を集めることからはじめます。良いものと悪いものがこの世に存在しています。しかし、良いものと悪いものが区分けられて存在しているのではなく、一緒にあるのです。しかし、終りの日、収穫の日にはそれらは分けられ、麦の中に毒麦はいなくなります。いま、麦と毒麦との分別はむずかしくても、その日にはあきらかになります。義人と悪人は分けられる。キリストはまかれたみ言葉の種をこころに刻みつけて守り、実を結ぶために、耐え忍ばなければならないと教えました。キリストの忍耐という言葉もあります。これは受難の中で忍ばれた忍耐ということもできますが、信徒が終りの日にキリストに会う望みをいだいて忍耐することと考えることもできます。

「刈る人」——キリスト——は「その使たちをつかわし、つまづきとなるものと不法を行う者」どもを、「御国からとり集めて、炉の火に投げ入れられて」焼かれる。燃える炉が彼らにとってふさわしい場所です。しかし、それで終りということではありません。しかし、この譬は気づかないうちに消えてしまい、これから始まる新しい苦しみについて具体的に書き記すことになります。

「泣いて、歯をかみあわせたりするであろう」——。慰められることのない悲しみ、自分自身に対し、また、同じ場所に落ち込んで苦しむ人と語り合い慰めあうこともない世界。一一章二三節に黄泉——よみ——にまで落されるであろうと書かれている、慰めもはげましもない世界に落ち込むであろう、とイエスは言われる。このように主を恐れることは知識のはじめと旧約に書かれているように不法を行わないよう、こころに決めなければなりません。

毒麦の譬の意味を説明する最後に、そのとき、義人たちは彼らの父の御国で太陽のように輝きわたるであろう、と言われる。神が父であるということは、現在のわたしたちにとっての誇りです。イエスは天に行かれるとき、わたしは、わたしの父またあなたがたの父であって、わたしの神またあなたがたの神であられるかたのみもとに上って行くと言われました。わたしたちが終りの日のために大切にして取っておかなければならない栄誉とは、父の御国で太陽のように輝きわたることです。それはいま、ひっそりと隠されています。わたしたちの外見は貧しくその栄誉は隠されています（コロサイ書三章一―四節を参照）。もっとも明るい光である太陽の光のようにかれらも輝く。星の光にまさる太陽の光。なぜなら、いのちと滅びないいのちは、キリストの福音によってはっきり示されるからです。山上の説教であなたがたは世の光であると言われ、一七章ではイエスの姿が輝いたという出来事が記されています。いずれもキリストの光によって照らされた人の輝きについて述べられています。地の塩、世の光という山上の説教の言葉が校訓に入っているからこの大学はこの世で目立つ立派な卒業生を生みだしている。そんなことではない。隠れていて目立たず、しかし、彼らの生涯は、暗い雲のはざまから輝く太陽のように輝く。この世では隠れて小さな光でしかない人が天国では「太陽のように輝きわたる」でしょう。「耳のある者は聞くがよい」と言われて話を終ります。聞くことがさいわいであり、わたしたちがしなければならないつとめだからです。

121

一三章四四－四六節

天国は、畑に隠してある宝のようなものである。人がそれを見つけると隠しておき、喜びのあまり、行って持ち物をみな売りはらい、そしてその畑を買うのである。

また天国は、良い真珠を捜している商人のようなものである。高価な真珠一個を見いだすと、行って持ち物をみな売りはらい、そしてこれを買うのである。

天国は小さいところから始まる。これまでの譬でイエスはそう言われてきました。小さいものには、ややもすれば低い評価がくだされます。そういうことがないように、この二つの譬で、小さく目立たないもの自体に大きな価値があると言われます。「天国は、畑に隠してある宝のようなもの」、もう一つは「良い真珠を捜している商人のようなもの」と言われます。不思議ではありませんか。「ようなもの」と言われます。ここに注目したい。

「畑に隠してある宝」――。これは泥まみれになっているか、あるいは壺のようなものに入れられて土の中に埋められていた宝か。すると一人の農夫が畑に来て農作業をはじめました。やとわれ農夫と思われますが、畑を耕していて宝を見つけたのです。彼はそれを見つけると喜びのあまり、行って持ち物すべて、家財道具、家などを売りはらい、その畑を買いました。宝だけでなく畑も買うのはどうしてかよくわかりませんが、これでは変わり者と言われてもしかたがありません。ここでは「天国」すなわち「宝」といわれます。天国を獲得しようとすると貧しくなる。それを気にもとめず、むしろその発見を喜ぶ。それがこの譬の意味するところです。この農夫は宝のありそうな畑を自分で選んだのではありません。この日に耕していた畑で思いがけず宝を発見したのです。宝がありそうな畑を選んだのではありません。予想もできないような仕方で宝を発見したのです。それは偶然のことだったということも出来るでしょう。日常のくり返しである農作業の中でたまたま宝を見いだしたのです。だから、「捜す」という特別な努力の結果ではありませんでした。わたしの人生というものは偶然によって支配されていると考えることがなくはありません。旅に出てたまたま知り合った人とのつきあいがはじまるということもあります。いつもとは別の道を通って事故にあってしまうことがないとは言えません。神さまがなさることとは別のところに偶然が存在する。だから偶然ということは聖書的でないと言ってめくじらを立てる必要もありません。見てごらんなさい。この人はいつもどおりの農作業をしています。最近は遺蹟の発掘がさかんです。その場合、このあたりならと目星をつけることがあります。しかし、偶然見つけたということもないわけではありません。この人は仕事に精を出しているのですから宝のことなど頭にありません。そして、たまたま宝を見つけましたが、その背後には偶然を超えたあるものがあったのではないでしょうか。「農夫は行って持ち物をみな売りはらい」、その宝を買います。この農夫のように、すぐに立ちあがらないでぐずぐずしているのが人間の愚かさであり、悲しさでもあります。くり返しますがこの宝は畑の中にうずもれ、隠れて人の目につかないままのありさまです。わたしたちは目に見えるものをたしかなものとします。隠れていて見えない。それはわたしたちを悩ませるものでしかありません。目ではっきり見えたらどんなによいことでしょうか。たしかに天国とは神が生きて働く現実のことですから動かないで静止している状態のことではありません。「宝」とは「天国」のことです。いいかえればキリストのことです。イエス・キリストはわたしたちにとってかけがえのない宝です。しかし、この宝は隠れています。隠れているということにある深い意味。キリストは隠れています。宝とは畑の中で泥まみれになっているキリストのことです。神の知恵は宝石より尊く、わたしたちの望むなにものもこれと比較することはできません。

四五、四六節の譬に進みましょう。四四節の宝の譬に似ています。しかし、大事なところでちがっています。四四節では「天国は宝のようなもの」と言われていますが、これを平行させると「天国は真珠のようなもの」としなければならないでしょう。しかし、そうは言われないで「天国」は「商人のようなもの」と言われます。宝は高価なものです。しかし、商人はそうではありません。別に商人を軽蔑するつもりはありません。むしろ、積極的な意味を聞き取らなければならないでしょう。天国は商人のようなものとイエスが言われているのですから。畑の中の宝とちがっている点は、「捜している」ということです。商人は捜しています。しかし、農夫は捜してはいません。日常の農作業に精をだしているだけで宝など頭の中にありません。それではどういうことでしょうか。それは人間を捜し求めて、ご自分のものとする、キリストの事業のことではないでしょうか。十字架につけられて死ぬまでになって罪人をあがないだす、キリストの自己犠牲のことを言っておられるようにわたしには思われます。

天国は宝のようなもの、商人も同じです。天国は「宝」にたとえられ、「商人」にたとえられます。農夫は捜していません。捜さなければ見いだすこともありません。しかし、捜し、発見したと思っていたことが実はそうではなく神がわたしたちを捜し選んでくださったということなのです。捜され選ばれた人は、植えられた木のように何もしないでただ待つだけでよいのかというとそうではありません。そうではなく、「持ち物をみな売りはらい、それを買う」という決断。そして、十字架の死に至るまでご自分を低くされたキリストに従うという人生の開始。それが求められています。

122

一三章四七―五〇節

また天国は、海におろして、あらゆる種類の魚を囲みいれる網のようなものである。それがいっぱいになると岸に引き上げ、そしてすわって、良いのを器に入れ、悪いのを外へ捨てるのである。世の終りにも、そのとおりになるであろう。すなわち、御使たちがきて、義人のうちから悪人をえり分け、そして炉の火に投げこむであろう。そこでは泣き叫んだり、歯がみをしたりするであろう。

ここには、譬そのものがあります。天国の働き、それは「網のようなものである」。天国の働きは網をおろしている漁師の働きではなく、「網のようなもの」と言われるのです。海におろして、自由に泳ぎまわっている魚を囲みいれる「網のようなもの」と言われるのです。天国は漁師の働きではなく「網のようなもの」。網とは地引き網のことです。あらゆる魚ですから網の中にはいらないで閉め出される魚はありません。美しいとか醜いとか、大きいとか小さいとか、そんなことは問題になりません。網にはいるのにふさわしい条件をそなえているものだけがはいるのではありません。すべての魚が網にはいるのです。海の中では自由に泳ぎまわってあそんだりをしなかった魚たちが網の中ではおたがいに知り合い親しくなります。漁師が投げた網はいっぱいになり岸に引き上げられます。きびしい労働は空しく終らなかった。一匹もとれないまま網を引いて岸にもどる空しさはなかった。

「網がいっぱいになると岸に引き上げ」られ良い魚と悪い魚とが選別されます。パリサイ人は偽善者と呼ばれ、弟子たちはキリストに従う者として区別されます。「良いものは器に入れ」られ、注意深く保管されます。しかし「悪い者は外へ捨て」られます。網が海の中にあるとき、どんな魚がはいっているか、漁師には区別がつかないのでそのすべてを岸に引き上げます。これは見える教会に対する神の心配りをあらわしています。教会には神の心配りと共に人びとの心配りが必要です。教会は交わりの群れです。聖徒の交わりを信じるという使徒信条の告白は教会を信じる者の群れとして見るということではなく、信じる者であるという告白です。見る信仰と見ないで信じる信仰。見ないで信じる者のさいわい。網の中は途上の時です。目的地へと向かう途上の道を教会は歩んでいるのです。悪い魚をさばくのではありません。山上の説教でイエスは「おたがいにさばきあってはならない」と言われています。さばきは神のなさることだから。

しかし、世の終りの時、選別される時がきます。あらゆる種類の魚が集められていることはよくわかります。しかし、四九節以下では、選別の時がまだきていないことへと話が進み、さらに詳しく説明されます。「世の終りにも、そのようになるであろう」と言われる。その時がやがてきます。すべてのことが白日の光に照らされてあきらかになる日。この世の終りに、「御使たちがきて、義人のうちから悪人をえり分け」ます。それはキリストが御使を用いてそうさせるのです。「悪人」と書いてあるだけでどういう点で悪いのか、よくわかりません。偽善者であるとか、日ごろの行動が非難されている人と特定することはできないでしょう。教会の中にいる人がすべてよい人であるとは言えません。義人の中にも悪人がいます。それはイエス・キリストによる以外に救いはないということを信じない人でこの世のことがらに執着する人、わたしのもとに来なさいという招きにこたえない人、お互いに愛し合うということをしない人、そんな人のことでしょう。それなら、「義人」とは、自分を正しいとして人を見くだす人ではなく、イエス・キリストによりたのむ以外にわたしの生きかたはないとする人、そしてそのことをひとり自分の中にとどめておくのではなく、そのことを人に伝えていく人のことではないでしょうか。

天の御使たちが来るのは、教会の人たちがあまりやらないようなこと、義人と悪人とをえり分けるために来るのです。それは「義人のうちから悪人をとり分ける」ことです。それはキリストがなさることです。キリストはご自分のものである人びとを知っておられ、わたしたちの犯す誤りや失敗によってではないということにこころをとめたい。自分は正しいと言い張る人のことではなく、キリストによる救いの恵みによって生き、その福音を人びとに伝えていく人をキリストは義人と呼ばれるのです。

このようにえり分けられた悪い人の行きつく先は、彼らの意志にかかわりなく、「炉の火に投げこまれるであろう」。それが彼らにとって最もふさわしい場所です。彼らはそこに行くことになります。義人のうちから悪人をえり分ける具体的な、真実のキリストの言葉です。キリストの真実は、わたしたちの目を覚まさせ、永遠のいのちへとよみがえらせる真実の言葉です。この真実を、わたしたちはときおり思い出さなければならないでしょう。

網はまだ岸に引き上げられていません。岸に向かう途上にいるのです。やがて、岸に着く時がきます。その日、網は引き上げられます。そして善い魚、悪い魚と選別されます。このきびしさを聞くわたしたちは、決断して網の中に行かなければならないのではないでしょうか。

123

一三章五一―五二節

あなたがたは、これらのことが皆わかったか」。彼らは「わかりました」と答えた。そこで、イエスは彼らに言われた、「それだから、天国のことを学んだ学者は、新しいものと古いものとを、その倉から取り出す一家の主人のようなものである」。

これらの譬話を聞いた弟子たちにイエスが「これらのことが皆わかったか」と問いかけると、彼らは「わかりました」と答えました。ほんとうにわかったのでしょうか。「わかる」とはどういうことでしょうか。先生の言われることがよくわからないと言わなければならなかったのではないでしょうか。こころではとらえているが、その具体的な実情はつかめない。問われて落着きを失い、わからないにもかかわらず、「わかりました」と言ってしまったのではないでしょうか。しかし、わたしは、わかったと答える弟子たちを非難しようとは思いません。わかったかという問いかけは、わたしたちが終りの日、ただ時の終りということではなく、すべてが完成する日。

その日をめざして歩みはじめる新しい決断を求められている問いだからです。弟子たちはわかりもしないのにわかったと言ってしまったのではありません。なぜなら、毒麦の譬を聞いたとき、その意味がわからないので、譬を説明してください、と求めているからです。毒麦の譬の説明を聞くことによってほかの譬もわかるようになりました。

イエスは弟子たちが、譬を理解したことを喜び、賞賛しました。譬の意味を完全にとらえるまでには至っていないにもかかわらず。不十分ではあっても、はげますようなひびきがあります。イエスはペテロとかヨハネとかを、ひとりひとり、個別に呼び出して、確認するように、わかったか、と言われるのではありません。集まっている弟子たちにむかってこう言われたのです。弟子たちの群れ、それはやがて形造られる教会の最初のかたちと言うことができます。「わかったか」と問いかけられる教会。現在のわたしたちも同じように問いかけられているのです。

「わかったか」という問いは、それ自体あきらかな問いではありません。五〇節の「炉の火」という言葉は、すでにバプテスマのヨハネによって用いられています。当時、用いられていた言葉、それをイエスは用いられたのでしょう。わかったと言われても、わからない、と私なら、はっきり言わなければなりません。そして、わかろうとして思考をこらしてもわからず、つかれてしまうほどの言葉なのです。しかし、よく考えてみますと、これは終りの日。当時の哲学者はイエスとはちがった目で世の終りを見ています。かれらは人間世界のことだけを考えます。しかし、イエスは世の終りをそういう見方でなく、ひとつの目的をもって生きる時、終りであり同時に完成する時と言われるのです。終りはこうなるであろう、と言われます。循環というか、もとのところに戻り、それをくり返す。そういうことではなく、目標にむかって歩を進めること。そのことがほんとうにわかるということ。弟子たちが「わかりました」と言ってもじゅうぶんに理解したわけではありません。しかし、わかっていないだろうなどとは言わず、よくわかってくれたというはげましの気持ちを読み取ることができます。彼らは「天国のことを学んだ学者」とイエスから言われました。これはほめ言葉です。パリサイ人は律法を教える学者です。ところで、福音を教える弟子たちもまた学者です。救いとはどういうことか、理解し身につけている人は巧みに教えることができる人。教えるものは「天国」でなければならないということ。弟子たちの仕事はそれ以外のものではありません。

　イエスは彼らを「新しいものと古いものとを、その倉から取り出す一家の主人」にたとえられます。「倉」とは畑からの収穫物、家財道具や商品などを保存するためのしっかりした建物のこと。倉にたくさんのものを、いろいろな機会に集める人は、かしこい人でなければなりません。教える人として選ばれた弟子たちは古いものも新しいものも取り入れ、その時にかなったふさわしいものを取り出さなければなりません。作物にかぎって言えば去年の古いものだけではなく今年の新しいものも加えていかなければなりません。そのすべてが有益だからです。取り入れられた収穫物はどう利用されるのでしょうか。「取り出す」のが当然です。取り入れるのは、時が来たら、それを取り出して人を助けるために用いるためです。そのように、天国のことを学んだ弟子たちは学者のようなものとなって古いもの新しいものを取り出して人びとに語りかけなければなりません。聞く人がしっかりと整えられるために。新約だけではなく旧約も取り入れて天国の福音を語る。それを聞く人は天国の祝福を得ることが出来るでしょう。キリストご自身は父から受けたものを人びとに与えられました。そのキリストにならうことがなければなりません。そうすれば多くのものをもつようになるでしょう。新しいもの、古いものを取り出すなら、すべてのものは、もっともよい状態になるでしょう。

124

一三章五三―五八節

イエスはこれらの譬を語り終えてから、そこを立ち去られた。そして郷里に行き、会堂で人々を教えられたところ、彼らは驚いて言った、「この人は、この知恵とこれらの力あるわざとを、どこで習ってきたのか。この人は大工の子ではないか。母はマリヤといい、兄弟たちは、ヤコブ、ヨセフ、シモン、ユダではないか。またその姉妹たちもみな、わたしたちと一緒にいるではないか。こんな数々のことを、いったい、どこで習ってきたのか」。こうして人々はイエスにつまずいた。しかし、イエスは言われた、「預言者は、自分の郷里や自分の家以外では、どこででも敬われないことはない」。そして彼らの不信仰のゆえに、そこでは力あるわざを、あまりなさらなかった。

「譬を語り終えてから」、イエスはご自分の郷里ナザレへ行かれました。郷里に行っても歓迎されないことはよくご存じであるにもかかわらず、ふたたび来られた。イエスはご自分を拒否する人びとの言葉を、そのとおりとして、あまんじて受け取るのでなく、帰郷のたびごとに追い返されるようであっても、あきらめずに訪問をくり返す。故郷ナザレは貧しい田舎町にすぎない。しかし、故郷を愛し、そこに帰りたい気持ちがありました。それはすべての人が持つ共通の感情でしょう。ナザレは昔のままだった。しかし、肉親や友人が一人もいなくなっても一度は帰りたいという気持ちはおそらく最後まで続くにちがいない。なぜなら、それは自分の生まれ育った故郷だから。

イエスが町に入って会堂で教えはじめると、聞く人びとは驚きました。その説教のすばらしさに驚いたのではなく、その説教がイエスの説教だったことに驚いたのです。まさかあの人がという驚き。二つの言葉で彼らはイエスを非難します。一つは「この知恵と力あるわざとを」どこで学び、獲得したのかということ。旧約の律法を学ぶ学者たちからではないということを彼らは知っていた。偏った見かたしかできない人は学校などで学んだことによって人の優劣を判断し、生まれと育ちを問題にする傾向があります。そしてどうしてそうなったか、その理由を調べようとはしません。「この知恵と力あるわざとを、どこで習ってきたのか」。故郷に帰って話をしたいという気持ちが高まったからなのか。

もう一つの言葉で彼らはイエスを非難します。それは、父、母、兄弟という血を分けた関係からです。父は「大工」であり、「母はマリヤ」、「兄弟たちは、ヤコブ、ヨセフ、シモン、ユダではないか」。「姉妹たちもみな、わたしたちと一緒にいるではないか」――。みな貧しい人たち。「大工の子」と言っても見くだしたわけではありません。大工としての技術はすぐれていたからです。彼らはヨセフが賞賛に価する大工であることを忘れていました。大工という職業の卑しさだけに捕われています。貧困な彼らの精神はヨセフのすぐれた技術を評価しません。すぐれていたとしても、そのわざを最高のものとしては認めない。母はマリヤといい、どこにでもある平凡な名で特にすぐれた人ではなかった。それからヤコブ、ヨセフ、シモン、ユダの名をあげます。正直で温和であり、貧しい人であったようで、人びとから軽い目で見られていたようです。姉妹たちも一緒にいる。姉妹たちであるから、イエスを愛し尊ばれなければならなかった。イエスはどこで、こんな数々のことを習ってきたのか。「こうして人々はイエスにつまずき」ました。「つまずく」というのは、こんな人がと言って捨てることです。自分の町にイエスが生まれた。本来なら誇りとしなければならないのに、つまずく。彼らは神を信じていると思っています。しかし、イエスが救いをもたらす主であることは信じない。彼らは妨げの石につまずいた。なぜつまずいたのでしょうか。ルカ福音書二章三四節に「彼は反対を受けるために定められている」のだからと記されています。それはキリストに対するそむきをそれとなく示している言葉でしょう。イザヤ書八章一四節には来るべきキリストが「さまたげの石、つまずきの岩となる」と記されています。十字架がすべてのことがらを解決し、ゆれ動く時の武器による救いではなく、罪からの救いであるということにつまずく。神を信じると言いながら、自分を信じる。それがイエスに反対する郷里の人びととの現状です。

イエスは軽蔑されました。しかし、それに対して反発しません。ふつうなら、そんなことを言われると悩みはじめるにちがいありません。しかし、イエスはそんなことに関心を持たれなかったのではないでしょうか。批判にはすぐれて聞くべきものがあると共に、程度の低いものもあります。「預言者は、自分の郷里や自分の家以外ではどこででも敬われないことはない」と言われる。預言者が敬われるのは当然のこと。郷里で尊敬されないという。これは不思議なことですがよくあることです。預言者は世間から尊敬を受けないようにします。預言者が敬われないのは不思議なことです。郷里での心安さはあなどりをひきおこします。

郷里の人びとのあなどりの言葉を聞いたイエスは、困ったことだと思われたかもしれません。この人たちは不信仰だから話しても無駄。だから、さしあたって力あるわざ――奇跡――をあまりなさらなかった。キリストの恵みを受けるのに、不信仰は大きなさまたげとなります。神にはなんでもできないことはありません。すべてが可能です。しかし、それは「信じる者」にとってのことなのです。パウロはローマ人への手紙一章一六節でそう言っています。キリストの説教やみわざが働かないとするなら、キリストに不足があるのではなく、わたしたちの信仰が足りないからです。

125

一四章一—四節

そのころ、領主ヘロデはイエスのうわさを聞いて、家来に言った、「あれはバプテスマのヨハネだ。死人の中からよみがえったのだ。それで、あのような力が彼のうちに働いているのだ」。というのは、ヘロデは先に、自分の兄弟ピリポの妻ヘロデヤのことで、ヨハネを捕えて縛り、獄に入れていた。すなわち、ヨハネはヘロデに、「その女をめとるのは、よろしくない」と言ったからである。

ここにはバプテスマのヨハネが投獄されて死んだ話が記されています。死んだといっても病死ではありません。キリストを証しして死んだのです。殉教と言ってよいでしょう。

ガリラヤの領主ヘロデはイエスが行った奇跡についての報告を聞きました。イエスのなさったことが人びとの間でひろまっているといううわさです。郷里ではイエスは軽く見られる人物でした。そのころ宮廷ではイエスについてのうわさがひろまりました。キリストのうわさは郷里から宮廷へと移っていきました。一つの場所で軽蔑されたキリストの福音はほかのところにはいりこんでいきます。ヘロデがイエスのことを聞いたのはこれがはじめて。聞いたのはうわさだけでした。キリストが神から与えられた知恵の言葉を語り、数かずのわざをなさった、それを耳で聞き目で見たのは貧しく無学な人びとでした。宮廷の領主やこの世を支配する人の中に一人もいなかった。

これはどういうことか。ヘロデはイエスのうわさを知らせてくれた家来たちに、それはたしかなことだが「あれはバプテスマのヨハネだ。彼が死人の中からよみがえった、復活したのだ。それで、あのような力が彼のうちに働いているのだ」と言いました。死人の中からのよみがえりということ。そのころ、パリサイ派に対してサドカイ派は死人の復活などはないと主張していました。そんなことではありません。ヘロデにはこころのうしろめたさがありました。だからいろいろ考えたすえ、ヨハネが復活したのだ、だからあのような力が彼の中に働いているのだという結論にたどりついたのです。ヨハネは生きているあいだ、荒野で神の国について宣べ伝えただけで、力あるわざは行わなかった。しかし、死人の中から復活したいま、大きな力を与えられている。それがヘロデの結論です。領主という国を治める立場にあるわたしに言いがかりをつけるヨハネを処刑しようとしました。彼は根拠のないにもかかわらずヘロデを批判したのではなく、ヘロデが兄弟ピリポの妻ヘロデヤを奪い取り結婚して自分の妻としたからです。ヘロデの犯した罪を、こころの中で悪いことと考えただけではなく、また、間接的にではなく「その女をめとるのはよろしくない」と言ったからです。そんなことをしてはいけないと言ってとがめたわけですが、きびしいひびきというより、やさしく、たしなめているような感じがします。ヘロデという国を治める人がそんなことをするのはみっともないという程度のことではなく、神の律法にさからうことです。だから、最悪の罪と言うことが出来ます。

人の妻を奪うことは律法に反することです。領主だからといって特別にゆるされるものではありません。神は高いものも低いものも、すべて支配しておられます。ほかの人と同じように、あなたはまちがっていると言わなければなりません。

ヨハネによって批判されているのを聞いたヘロデは、ヨハネを捕えて縛り、獄に入れていました。忠実な人だったからです。天国が近づいたと説教し、バプテスマを授けていたヨハネの働きが終りに近づいたとき、ヘロデはヨハネを捕えて縛り、獄に入れていました。ヨハネは真実の人でヘロデに対する批判も的を射ていました。しかし、そういう批判に対して反感が帰ってくることがあります。ヨハネの教えを聞いていた人たちはどう思ったのでしょうか。反感はないでしょうかもしれませんが、分別のないことはしないほうがいい、と忠告する人もいたのではなかったか。沈黙のほうがかしこいのではないか。ヘロデとはどういう人かよくわかっているはずではないか。だから実を結ばない批判などしないほうがよい。分別とはしばしばそういうものです。よかれと思ってしたことが悪意になって帰ってくる。そういう経験をすることがあります。それもまれにではない。ヨハネにもそういうことが一度ならずあったにちがいない。しかし、自分がしなければならないこと。天国について語る宣教者。そのつとめを、今はしないでおこう。ヘロデに対する忠告をしてもいまは無駄。それが道理をわきまえるということ。ヨハネはそんな分別臭い人ではなかった。良心的に苦しみ、行動する人でした。

126

一四章五―一二節

そこでヘロデはヨハネを殺そうと思ったが、群衆を恐れた。彼らがヨハネを預言者と認めていたからである。さてヘロデの誕生日の祝に、ヘロデヤの娘がその席上で舞をまい、ヘロデを喜ばせたので、彼女の願うものは、なんでも与えようと、彼は誓って約束までした。すると彼女は母にそそのかされて、「バプテスマのヨハネの首を盆に載せて、ここに持ってきていただきとうございます」と言った。王は困ったが、いったん誓ったのと、また列座の人たちの手前、それを与えるように命じ、人をつかわして、獄中でヨハネの首を切らせた。その首は盆に載せて運ばれ、少女にわたされ、少女はそれを母のところに持って行った。それから、ヨハネの弟子たちがきて、死体を引き取って葬った。そして、イエスのところに行って報告した。

ヘロデはヨハネを捕えて縛り、獄に入れていました。しかし、投獄したはじめのころ、しばらくの間は彼を殺そうとは思っていなかった。きびしく悔い改めをせまるヨハネに対して、怒りの思いがあったことはまちがいありません。ヨハネは荒野で民衆にきびしく警告した人でした。それは罪人をあわれんで神に立ち帰るように訴えた警告でした。ヨハネは同じように、ヘロデに対して語りかけ、ヘロデの怒りを買って投獄されました。次第にヘロデの怒りは増大していきます。殺したいという思いがなかったとは言えないでしょう。しかし、わたしに、はたしてそんなことができるだろうか――。なぜでしょうか。ヘロデは「群衆を恐れ」ていたからです。神への恐れではなく群衆への恐れでした。群衆が「ヨハネを預言者と認めていたから」です。もし、ヘロデが神を恐れる人だったなら、ヨハネを獄に入れたりしなかったでしょう。ヘロデは少し前までは、ヨハネを尊敬していたのかもしれません。しかし、ヨハネを恐れたのではありません。「群衆を恐れた」のです。彼は領主の立場が危うくなることを恐れていました。自分が安全であればそれでよい。政権というか、それを失わないことのみを気づかう人。ヨハネがヘロデをきびしく訴えたことを群衆は知っていました。群衆は不快な気持ちになっていた。そのことをヘロデは知っていました。投獄しただけのことでヘロデを批判する群衆の高まり。それが、もし、ヘロデがヨハネを殺したということが、耳にはいってきたら、自分の立場は危うくなる。領主の地位を失う。それはいずれかの時ではなく、今すぐのこと。ヘロデには不安がありました。恐れもあります。領主として誇りたい人はそれがその人にとって恐れとなることがすくなくありません。もし、ヘロデが愛の人として国を治めるなら、彼には恐れがありません。領主が群衆に恐れられることを望むなら、群衆をこの上なく恐れるでしょう。

ヘロデは「群衆を恐れていました。彼らがヨハネを預言者と認めていたから」です。ヘロデも同じです。彼はヨハネが神の国を語り伝える預言者であるということを知っていましたから、軽はずみに争いをしかけることもできません。ヘロデのこころの中にはヨハネを殺したいという思いがありました。領主としてとどまっていたいという世俗的な思いがあったからです。豊かで安全でありたい、それが彼のこころから離れない。ヨハネからきびしくとがめられ、それに対して反発したりすると、自分の立場が危くなる。

ヨハネはかなり長い間、獄に入っていました。入っているだけで、裁判にかけられることもありませんでした。しかし、解放される時がきます。獄からの解放ではありません。死による解放です。捕われ人は共に安らぎ、追いかける者の声はもう聞えない。その時が訪れるのです。それは新しいいのちの始まりです。

何とかしてヨハネを殺したい。ヘロデヤは策をめぐらす。彼女が持ち続けて離れない思いはヨハネを殺すこと。しかし、軽はずみな殺しかたでは群衆の怒りを買う。そこで彼女が思いついたのは、ヘロデの誕生日の祝いに娘が舞をまい、ヘロデを喜ばせた。それを見て喜んだヘロデは、何かほしいものがありますか、何でもあげますという固い約束をします。軽率な約束ではありますが。娘は母にそそのかされて、ヨハネを殺すことがよいのではないかと言う。娘サロメは母に抵抗して拒否しなければならないのに、あっさりと応じてヨハネの首をもってきていただきたいと申し出ました。ヘロデは困惑した表情を見せましたが、いったん誓ったことなのでしかたなく、列座の人たちの手前、それを与えるように命じ、人をつかわして、獄中でヨハネの首を切らせました。固い約束をしたのだから、実行しなくてはならない。誓いを破ることはしたくない。いったん誓って約束したのだからそれを破ることはできない。ほんとうは娘の要求を拒絶しなければならなかったのに。それもできたはず。しかし、ヘロデにはヨハネを憎むこころがありました。そうでなければ娘の要求にこたえないみちはあったはず。固い約束を守らないなら、娘は多額の金を要求するかもしれない。ヘロデはそう考える。娘のほしいものはヨハネの首ではなく、多額の金だからです。

こうして、荒野で呼ばわるヨハネの声を聞くことはできなくなってしまいました。神からゆだねられたつとめを忠実に果して死んだのです。弟子たちは悲しみ、死体を引き取って葬り、イエスに報告しました。イエスはすでにヨハネが死んだことを知っていたにちがいありません。それでも報告をお聞きになります。そして慰められた弟子たちは、弟子としての道を歩みつづけることになります。

127

一四章一三―一四節

イエスはこのことを聞くと、舟に乗ってそこを去り、自分ひとりで寂しい所へ行かれた。しかし、群衆はそれと聞いて、町々から徒歩であとを追ってきた。イエスは舟から上がって、大ぜいの群衆をごらんになり、彼らを深くあわれんで、そのうちの病人たちをおいやしになった。

イエスは、バプテスマのヨハネの死について聞くと、「舟に乗ってそこを去り、自分ひとりで寂しい所へ」退かれた。なぜ退かれたのでしょうか。ひとりになりたいという気持ちはだれにもあります。孤独を愛する。それもあります。わずらわしさからのがれてひとりになり、しばらく自分を見つめてみたい。それもあります。しかし、ここではイエスがあともどりをしたとか、身を引いたということかもしれません。なぜなら、ヘロデが、あれはバプテスマのヨハネだ、死人の中からよみがえったのだと言っているのを聞いていたからです。彼はヘロデの支配からのがれるために「寂しい所へ行かれた」のです。敵に立ち向かわなければならない時があります。しかし、自分を守るために逃れる時もあります。それを悪いこととする必要もないでしょう。わざわざ、ヘロデが支配する危険なところに身をおくことはない。イエスは父の力によって自分を守ることもできたのですから。しかし、わたしたちにも、キリストにならうという生きかたがあるのですから。「ひとりになって寂しい所へ行かれた」ということ、それは見習わなければならないことでしょう。人間の弱さをご存じのイエスは、折りにかなった行動をするように、その手本を示してひとり寂しい所にのがれたのです。ひとり、舟で去っていくイエスの姿があります。しかし、そこを去っていっても、群衆の目をのがれることはできなかった。それは、やがて形成される教会という群れということができるのではないでしょうか。多くの群衆がそれと聞いて「町々から徒歩で」イエスを追ってきました。もろもろの民は彼に従うという創世記の言葉が実現したと言ってよいでしょう。イエスがひとり退いて行かれると、群衆の彼を追う熱心はますます強くなっていきます。マタイは神の約束の実現ということを強調していると言われていますがこんなところにもそれがあらわれていると言うことができるでしょう。イエスはダビデの家系から生まれました。バプテスマのヨハネが国家権力によって殉教したのち、前にまさる多くの群衆があとについて来たように思われます。ヨハネ福音書一八章三六節にはイエスが「わたしの国はこの世のものではない」と言われたと記されています。福音を説いた結果、王によって殺されたヨハネの血が教会を生みだすのです。

イエスは「ひとり、寂しい所へ行かれました」。その姿は見えなくなり、その言葉は聞こえなくなっても群衆がしなければならないことは、「徒歩でそのあとを追う」ことです。群衆の中には生活環境ものの考えかたもちがっている人びとがいたにちがいありません。ひとりで寂しいところにおられるイエス。その孤独のイエスが、これから群衆が出合うであろう苦難に耐えることができるものとしてくださるのです。イエスは休息しておられたにもかかわらず「舟から上がり、群衆をごらんになって深くあわれみ、そのうちの病人をおいやしになられました」。孤独というたのしみの時。その時を捨てて舟から上がり、群衆をあわれむ。自分のために時間を用いようとはなさらなかった。彼は人の魂を生かす偉大な人生の教師です。しかし、それだけではなく、「群衆をごらんになって深くあわれみ」、そのうちの病人たちをおいやしになる医者でもありました。そのために彼はこの世に来られたのですから。しばらくすると空腹になった人びとをごらんになって食物を与えます。彼はあわれんで食物を与えたのです。イエスのなされたすべてのわざは、あわれみによってなされました。そのあわれみはやがておとずれるキリストの十字架のわざを指し示しています。

128

一四章一五―一六節

夕方になったので、弟子たちがイエスのもとにきて言った、「ここは寂しい所でもあり、もう時もおそくなりました。群衆を解散させ、めいめいで食物を買いに、村々へ行かせてください」。するとイエスは言われた、「彼らが出かけて行くには及ばない。あなたがたの手で食物をやりなさい」。

「夕暮れになったので、弟子たちはイエスのもとに来て群衆を解散させ、めいめいで食物を買いに、村々に行かせてください」と言いました。当然のことかもしれません。このまま、この人たちをここにおいておくより、そのほうがよい。弟子たちは心配していました。行かせてくださいと彼らは熱心に要求したのでしょうか。むしろ、彼らは、物わかりの良さをイエスに示そうとしたのではないでしょうか。

しかし、イエスは、群衆を解散させようとはなさいませんでした。そうはいっても、食べ物のない群衆をそのままにしておくつもりはありません。またひとりひとりで食物を買いに行かせようともしません。「村々」ですからいくつかの村です。どのくらいの距離があるのかわかりませんが、空腹をかかえて買い出しに行くのは楽なことではありません。そんな重荷を負わせるつもりはなかった。イエスは弟子たちに言われます。「彼らが出かけて行くには及ばない」――。その必要はないと言われました。「あなたがたの手で食物をやりなさい」――。弟子たちにも、食べ物のない群衆を気の毒と思うこころがあったにちがいありません。しかし、イエスには、弟子たちの同情にまさるあわれみがありました。話を聞くためにあとを追ってきた人びとに対し、村へ行って、それぞれ好みにあった食べ物を買いなさい、とは言われなかった。弟子たちにまさるあわれみがありました。それは神のあわれみ深いみこころによるのです。イエスがのぞまれる同情とあわれみ、それは弟子たちの、群衆を思いやるこころにまさるものでした。群衆が出かけて行くには及びません。行く必要はない。イエスを慕ってきた群衆が去っていくのをイエスは見たくなかった。キリストと共にいればそれでじゅうぶん。無くてならないものは多くはない。一つだけである、という信仰の上に立つ人はこころをとりみだす必要はありません。自分について来たいという熱心な群衆に村々に行かせて買い物をするような無駄なことはしないですむようにされました。それが神の義――正しさ――と神のあわれみ。この二つが一つになっているところ。それが、わたしたちに、深い共感を呼びおこす。「神の義と愛のあえるところ」という讃美歌がありますが、それはついに罪からのあがないを招来する十字架のあわれみをひきおこす動因となっていると言うことができるでしょう。

群衆がもし空腹であるなら、彼らは村に行かなければならない。そのことによってイエスと共にいるさいわいを、犠牲にしなければなりません。背に腹は変えられない。そんなことはわかりきっています。だから「彼らが出かけて行くには及ばない。あなたがたの手で食物をやりなさい」と言われます。キリストは人間のからだのために生きておられるのです。からだを守る食物は主のみ手によって造られたのです。それはキリストによってあがなわれたものの一部分です。空腹を満たすために遠慮しがちにではなく、すすんで彼にたよるようにされました。イエスが肉のからだをとられたのは、そのためであったと言うことができます。いずれにせよ、わたしたちが「神の国と神の義とを求めるなら、そしてそのことを人生の目的として生きるなら、ほかのすべてのものは添えて与えられるであろう」と、イエスは山上の説教で言われています。食物がなくなって、さあ、これからどうしようと思いわずらう。しかし、イエスは「あすのことはあす自身が思いわずらう」と言われます。パンは与えられるとイエスは言われました。ほんとうだろうかと疑うこころがあったかもしれませんが、彼に従う人びとには、さらに多くのものが与えられるのです。

129

一四章一七—二一節

弟子たちは言った、「わたしたちはここに、パン五つと魚二ひきしか持っていません」。イエスは言われた、「それをここに持ってきなさい」。そして群衆に命じて、草の上にすわらせ、五つのパンと二ひきの魚とを手に取り、天を仰いでそれを祝福し、パンをさいて弟子たちに渡された。弟子たちはそれを群衆に与えた。みんなの者は食べて満腹した。パンくずの残りを集めると、十二のかごにいっぱいになった。食べた者は、女と子供とを除いて、おおよそ五千人であった。

「弟子たちは言った、『わたしたちはここに、パン五つと魚二ひきしか持っていません』」──。多くの旅人がそうであるように、弟子たちもパンと魚を袋に入れていました。いま、彼らは「寂しい所」にいます。持っているのはわずかな食物。空腹の群衆にこころをつくしてもてなすことはできない。それにしてもパンと魚だけ。しかし、それほどわずかなものを用いてイエスは群衆を満腹にする。わずかしか持っていない弟子たちは、そのわずかなものの中から、食べ物をさしだされなければならない。時は夕暮れ。食物の用意に急がなければならない時。「寂しい所」。それは荒野かもしれません。そこで食物を得ることがどうしてできるでしょうか。

この群衆は、話を聞くために、自分から進んでイエスのあとを追って来たのです。イエスに招かれてではありません。しかし、それに先立つイエスの招きがあったということも否定できません。その群衆の数は「女と子供とを除いて、おおよそ五千人であった」。これは男をすぐれたものとし、女と子供を低いものとする、そういう差別ではありません。女、子供は男より多くはなかったとしても、同じ五千人ぐらいいたと思われます。合わせると一万人。「群衆」と書いてあるとおり大変な人数です。こんな群衆にイエスは出会って語りかけ、「深くあわれんで、そのうちの病人たちをおいやしに」なりました。注目したいことは、この群衆の中にイエスの話に耳を傾けて聞く人たちがいたということ。大多数は散り散りに分れ、ふたたびイエスのもとに帰って来ることはなかったということ。招かれる者は多いが、選ばれる者は少ないのです。

イエスは空腹の一万人を前にして、弟子たちに、あなたがたのパンと魚を持ってきなさい、と言われます。食物はまずキリストの手におさめられるとき、はじめて意味深いものとなるからです。それから、立って説教を聞いていた群衆に対して草の上にすわるように命じました。草は雑草です。雑草も飢えているときにはごちそうになる。庭の雑草を抜いてきて、食べる。私にもそんな経験があります。しかし、ここではそんなことではなく、草の上にすわるようにと命じて言われる。ここには食卓もなければ椅子もありません。わたしの国はこの世のものではない、ということを群衆に示すために、草の上を、彼らの食事の場所としたのです。群衆を草の上にすわらせ、パンと魚とを手に取り、それを祝福してさき、神に感謝し、祈って弟子たちに渡されました。彼は食事のとき、天の父に恵みを祈り求め、感謝の祈りをささげなければならないと教えています。食べてはいけないものがあるというのではなく、何を食べても神の栄光を現すようにしなさい、ということを教えておられる。何を食べても神に感謝して食べる。食事も神に属することと、神とのかかわりにおいてするということ。そのことをイエスは教えておられます。「天を仰いで祝福し、それをさいて弟子たちに渡された。弟子たちはそれを群衆に与えました」――。弟子たちはイエスの働きに加わったのです。もしイエスが食べ物を弟子たちの手に渡してくださらないなら、どうして彼らはイエスの働きに加わることができるでしょうか。

五つのパンと二匹の魚が群衆に配られて彼らは満ち足りました。あきらかなことはイエスが群衆にもれなく、ひとりひとりに配ったということです。イエスは祝福を祈っただけで弟子たちが配ればあなたがたは満腹するなどとは言われません。パンはさかれます。さかれることによってパンは増大します。わたしたちが日ごろ用いている道具はやがて時が来ると、使いみちがなくなるほどに老化します。しかし、イエスが与えてくださる賜物は、使えなくなるほどその機能を失うのではなく、ますます大きくなり、豊かになっていきます。

「みんなの者は食べて満腹した」――。すべての人は満たされたのです。ありあまるほどであった。残りを集めると「十二のかごにいっぱいになった」。十二使徒は一つずつかごを持っていました。こうして彼らは人びとに与えたものの余りをふたたび自分たちのかごにもどしました。集めて残ったものは、また、別の機会で用いられるようになったのかもしれません。パンはかごにいっぱいになりました。群衆にさいて渡されたパンに不足はなく、あり余るほどでした。

これは譬話ではありません。キリストによってなされた出来事です。まかれた種は良い地に落ちて実を結ぶ、という譬があります。しかし、五つのパンと二匹の魚をさいて与える。これは主のなさったこと。これはキリストが死んで「多くの実を結ぶ」という、その十字架の死を指し示していると言うことができるでしょう。

130

一四章二二—二三節

それからすぐ、イエスは群衆を解散させておられる間に、しいて弟子たちを舟に乗り込ませ、向こう岸へ先におやりになった。そして群衆を解散させてから、祈るためひそかに山へ登られた。夕方になっても、ただひとりそこにおられた。

イエスは満腹した群衆を、その直後、解散させておられました。その間に、「しいて弟子たちを舟に乗り込ませ、向こう岸へ先におやりに」なりました。なぜ、解散させようとしたのでしょうか。わずかばかりのパンと魚によって空腹を満腹に変えられたすばらしい奇跡によってからだだけでなくこころも新しくなった群衆。彼らはイエスと共にいたかったにちがいありません。イエスは隠れてご自分のわざをなさるかただから、群衆から離れて行こうとしたのではないか。人びとが自分を王にしようとしていると知って、無理やりに連れて行こうとしていることに気がついて、そんなことにならないよう、ひとり退かれた。そういう事情があったのではないかと思われます。弟子たちと一緒になってそんな計画を立てないために、群衆を解散させ、弟子たちを舟に乗り込ませようとしたのです。彼らはすわって食事をしたのち、立ちあがって、イエスに言われるまま、それぞれの家に帰っていきました。イエスは群衆を解散させました。祝福の言葉を与えて別れたのかもしれません。その言葉は彼らと共に、のちのちまでとどまることになるかもしれません。どんな言葉だったのか、知ることはできません。彼らの今後の生きかたについての慰めとはげましの言葉だったかもしれません。そうしておられる間に、イエスは弟子たちを無理やりに舟に乗りこませました。弟子たちがいなくならなければ群衆はそこから立ち去ろうとはしなかったからです。イエスと共にいることだけが弟子たちの喜び。彼らはイエスと共に舟に乗りたかった。舟に乗るのはいやだった。「しいて」というのは強制的にということです。強制されなければ、彼らは舟に乗らなかったにちがいありません。イエスが一緒に乗って祝福してくださるのでなければ、わたしたちは決して舟に乗って向こう岸に行くようなことはしません。しかし、行けという命令に従って、弟子たちは舟に乗り込み、イエスに先立って向こう岸に行きました。

弟子たちを送り出したあと、群衆を解散させ、一人で山に登られました。ひそかには一人になってとか、隠れてとか、そういう意味です。自分自身になってということでしょう。多忙であっても、ときにはひとりになることがありました。どんな時でも祈りのためにひとりでいること。それが大事であることを示そうとされたのかもしれません。集まって祈る人はひとりになって祈る人でなければなりません。孤独を楽しむことのない人はキリストに従うしもべではありません。

一人になり、ひそかに山に登ることはイエスのつとめでもありました。孤独になって祈ることを好まない人は一人になって祈るキリストに従うしもべではありません。イエスはどういうおかたでしょうか。すべて人の祈りは彼に向けられ、助けを求めるのではないでしょうか。人間とは端的に、キリストに仕える者。人間の祈りはかれに集められる。しかし、イエスは貧しくて物乞いをする乞食のようになって神に祈りました。山上の説教で、イエスは、あなたはひとりになり、自分の部屋にとじこもって祈れ、と言われました。祈りの模範を示されたのです。ひとりになってということは、あなた自身になってということです。

「夕方になっても、ただひとりそこにおられた」――。夜がきましたが、祈りはつづきます。山の上での隠れた祈り。その祈りを天の父は見ておられます。祈りは父との会話ですが、くり返しや人に見せようとするパリサイ人のありかた――それは偽善というものですが――をきびしく戒められます。ひとり山に退いて祈るのは、そのことを示したかったからではないでしょうか。

131

一四章二四―二六節

ところが舟は、もうすでに陸から数丁も離れており、逆風が吹いていたために、波に悩まされていた。イエスは夜明けの四時ごろ、海の上を歩いて彼らの方へ行かれた。弟子たちは、イエスが海の上を歩いておられるのを見て、幽霊だと言っておじ惑い、恐怖のあまり叫び声をあげた。

この時の弟子たちの危険な状況。「舟は、もうすでに陸から数丁も離れており、逆風が吹いていたために、波に悩まされて」いました。「数丁」というのは数百メートルぐらいのところ。湖のほぼ中心です。向こう岸に行くようにと「しいて舟に乗りこませ」られた弟子たち。気が進まなかったにもかかわらず、イエスの命令に従いました。舟に乗りこんだとき、海はおだやかであった。しかし、イエスは逆風が吹いて波に悩まされるのを知っておられました。それでも、危険だから、やめておこうとはしませんでした。いやがる弟子たちを舟に乗りこませる。なぜ、そんなことをなさるのかわかりません。しかし、今はわからなくても、やがてわかるようになる。

なぜ、いま、舟にと言って反発したかもしれない弟子たちに、あわれみをもって近づくことを計画されたのではないでしょうか。イエスは弟子たちと一緒に舟に乗り込まれたことがあります。その時、イエスはぐっすり眠っておられました。眠っておられても弟子たちは安心できたのです。しかし、こんどはイエスは弟子たちと共におられません。これは、姿は見えなくても、見えないものを信じる信仰によって生きるということ。そのことを教えるための教育であったということができます。

「逆風」、つまり、進行方向から逆に吹いてくる風で弟子たちは悩まされていました。しかし、向こう岸へ渡るように言われていたので進路を変更したり、岸にもどって来ることなどできません。向こう岸に着くために、危険ではあっても進まなければならなかったのです。

こういう状況の中でイエスは弟子たちに近づきます。これはおびえる弟子たちに対してイエスがなされる究極的な救いの行為でした。イエスが、海の上を歩いて弟子たちに現れたのは夜明けの四時頃でした。弟子たちの中にはペテロ、ヤコブ、ヨハネのように、この湖のことを知りつくしている漁師たちがいました。船に乗るようにと言われ、なかなかそれに応じようとしなかったのは彼らが熟練した漁師で、今日は海が荒れそうもない、船を出すことに不安はなかった。だから、ためらったのは気象の状況ではなく、イエスと共にいたかったからです。しかし、この海になれ親しんでおり、海の模様を見きわめることの出来る漁師であってもそういう知識はこのとき、何の役にも立ちませんでした。

イエスが近づいたのは「夜明けの四時ごろ」でした。それは見張りの時間です。逆風が吹いて、弟子たちがあわてる、その時はいつか、眠ることなく目覚めている。向い風であわてる弟子たちを見て、イエスは湖の上を歩いて、彼らの方へ行かれました。それは、造られたものすべてをキリストが支配されることを証明する一つの証例です。たとえば、出エジプト記一五章八節に「流れはあたかも壁のように立ち上がり、大水は海の中で固まった」と記されています。ヨブ記九章八節には「神は自ら天を広げ、海の高波を踏み砕かれる」とある。これは神だけに与えられている特別の権利です。主は海の中に道を通し、水の中に通路を開かれる。ここでの主は救い主、あがない主としてご自分の道をお造りになるおかたなのです。

イエスが近づいて来たとき、弟子たちは恐れのこころにとらわれて叫び声をあげました。「海の上を歩いておられるのを見て、あれは幽霊ではないかと言っておじ惑い、恐怖のあまり叫び声をあげた」のです。幽霊はお化けとしてもよい。幽霊の存在を当時、サドカイ派を除くすべての人が信じていたのではないかと思われる。イエスはサドカイ派の教えに注意するようにと言われたことがあります。サドカイは復活を信じなかったと言われています。そう教えるサドカイには注意を払わなければならない。しかし、幽霊は人びとの恐れのこころや空想が生みだしたものにすぎないということもまちがいではありません。海の上を歩いて来たイエスを見た弟子たちは恐れのこころに捕われ、あれは幽霊だと言って叫び声をあげました。あれは主だと言わなければならなかったのではないでしょうか。イエスは水の上を歩いて近づくまでに弟子たちを救いだすいのちの主なのです。

弟子たちは、「恐怖のあまり叫び声をあげ」ました。しかし、近づいて来るイエスを見た時、彼らは喜びの叫び声をあげなければならなかったのではないでしょうか。福音とは喜びの叫びです。近づいて来るイエスを見て、主が来てくださったという声をあげなければならなかった。弟子たちは別に悪い人ではなかった。むしろ、おだやかで正直な人たちでした。そういう人たちが恐怖のあまり叫び声をあげるのは、彼らがキリストとはだれであり、その務めが何であるか、その理解が十分でなく、欠けたところがあったからです。彼らは喜んで舟に乗ったのではなくイエスに促されてです。舟が進んで行くとあらしがおこり、荒れ模様です。内には恐れがありました。内憂外患の状態です。それに不思議はないでしょう。あらしをおこす何らかの力が働いたのではないか。それが弟子たちの考えであったのかもしれません。

132

一四章二七—二九節

しかし、イエスはすぐに彼らに声をかけて、「しっかりするのだ、わたしである。恐れることはない」と言われた。するとペテロが答えて言った、「主よ、あなたでしたか。では、わたしに命じて、水の上を渡ってみもとに行かせてください」。イエスは、「おいでなさい」と言われたので、ペテロは舟からおり、水の上を歩いてイエスのところへ行った。

しかし、イエスはすぐに声をかけ、「しっかりするのだ、わたしである。恐れることはない」と言われました。「わたしだ」と言われただけです。わたしはあなたがたを召し出して弟子としたイエスであるとは言われません。ただ、「わたしである」と言われるだけです。わたしの名はイエスであるとは言われなかった。はじめての出会いなら、自分の名を告げて、わたしはイエスであると言われたにちがいありません。しかし、彼らはすでにイエスによって召しだされて弟子となっている人たちです。だから、ただ、「わたしである」と言われます。それ以外のことを言う必要はなかった。弟子たちはイエスの声を聞いて、「主よ、あなたでしたか」、と言うだけでよかったのです。主よ、あなたでしたか。それはイエスを愛している人の声と言うことができるでしょう。

あらしに立ち向かう気力を失っている弟子たちにイエスは、「わたしである」と言われる。わたしがここにいるから、「しっかりするのだ」と言われる。元気を出しなさい。気力をとりもどしなさい。そうすれば、あらしに立ち向かう勇気も出る。彼らがもし、しっかりしていないなら、それは彼らの誤りです。しかし、いま、彼らはたやすくのがれることができないような苦しい立場におちいっています。それから「恐れるな」と言われる。わたしとわかったのだから恐れることはない。わたしがあなたがたを傷つけたりすることはないから。それから、あらしを恐れることはない。風が吹き荒れて沈むばかりであっても、わたしがあなたの近くにいるあいだは恐れることはないと言われるのです。語りかけてくることばの主キリストは近い。弟子たちにとってのイエスは、手のとどかない高みにおられる主ではなく、たやすく自分のものとすることのできるほどにまで近づいて来られるおかたです。キリストは「み言葉の主」です。それは高みから語りかける言葉の主であると同時にわたしたち人間に対して近づいて来られる主でもあります。沈黙して受難の道を歩むキリストの口には言葉がありません。しかし、その沈黙の中で主はみ言葉を語っておられます。だから、キリストというおかたの存在そのものが言葉なのです。「言葉の主」というより、「言の主」と言わなければならないでしょう。キリストは近くにあることを知った弟子たちに恐れはありません。死に対する恐れも消えてなくなってしまうでしょう。

ここで、個人の名がでてくるのはペテロだけです。ほかの弟子たちもイエスの声を聞きましたが、それにこたえて大胆にキリストのところに行こうとしたのはペテロひとり。「主よ。あなたでしたか。では、わたしに命じて、水の上を渡ってみもとに行かせてください」と言いました。臆病なペテロにしては大胆な発言です。彼の口にそういう言葉を与えたのは恵みの主キリストでした。「主よ、あなたでしたか」と言いました。ほんとうにイエスかどうか、たしかめたかったからでしょう。ほんとうにわたしだと保証してください。あなたでしたらわたしは行きますではなく、「わたしに命じて、水の上を渡ってみもとに行かせてください」と言います。弱いペテロに大胆さが見られます。それは、よく考えることもなく、行動を始めるということではありません。彼はたしかに冒険的な、水の上を渡るという行動をはじめようとしています。しかし、無謀な一歩を踏み出すのではなく「主よ、あなたでしたか。では、わたしに命じて、みもとに行かせてください」と言うのです。彼はキリストの命ずる声に聞いて歩きはじめる。イエスの意思、その呼びかける声、おいでなさいという命令。それを聞くことから始めなければならない。そうでないと善い志から行ったことも悪意になって帰ってくる。わたしたちにもそういう経験があるのではないでしょうか。

イエスはペテロに、「おいでなさい」と言われた。それは、わたしのところに来なさい、と呼びかける声です。「ペテロは舟からおり、水の上を歩いてイエスのところに行き」ました。この話はペテロがイエスと共に水の上を歩いているということではないかと思われます。キリストと共に水の上を歩くということは、わたしたちがこの世という巨大な力の中で苦労し重荷を負いながら、水の底に沈んでしまったりすることはない、ということではないでしょうか。

ペテロは舟からおり、水の上を歩きはじめました。ほかの弟子たちは舟に残ったままでした。彼らに自分のすばらしい姿を見せようとしたのではなく、イエスのもとに行こうとしたのです。ほかの弟子たちに対して一緒に行こうとうながしたかどうか、そんなことは問題ではありません。ペテロは一個人として歩きはじめたのです。わたしたちの信仰もキリストとわたしという個人的なかかわりあいではありませんか。

わたしたちは、「おいでなさい」というキリストの言葉に支えられなければ彼のみもとに行くことの出来ない弱い人間です。わたしたちは信仰者ですから、祈る人です。キリストのもとに達しようと努力する人です。しかし、キリストが「おいでなさい」と語りかけてくださるのでなければ、彼のもとに行くこともまたできないでしょう。

133

一四章三〇節

しかし、風を見て恐ろしくなり、そしておぼれかけたので、彼は叫んで、「主よ、お助けください」と言った。

ペテロは、「風を見て恐ろしくなり」ました。彼はイエスの「おいでなさい」言う呼びかけにこたえて、水の上を歩いてイエスのところに行った人です。彼は信仰の人でした。しかし、彼は「風を見て恐ろしくなり」――。信じる人でありながら、恐ろしくなりました。信仰者のこころに恐れの気持ちがまじりあっています。完全な愛は恐れを締め出す、とヨハネの第一の手紙四章一八節に記されています。神の愛によって生かされた人には、恐れがはいりこむ余地がありません。愛がしめだす――取り除く――ものは恐れ以外のものではありません。「おいでなさい」と呼びかける声を聞いたとき、ペテロはそれにこたえる強い信仰者でした。しかし、そののち、彼のこころは震えてしまいました。なぜ恐れたのか。吹きすさぶ風を見たからです。風がおさまりそうもなければ信仰の弱さがあらわれます。

彼は「風を見て恐ろしくなり」――。風が恐れのこころをひきおこしました。目がキリストに向かって開いているとき、水の上を歩いていました。しかし、いのちの危険に迫られたとき、彼は恐れました。信仰の目で見るのではなく、感覚の目で見るとき、もっとも深い恐れの底にいることになります。

「風を見て恐ろしくなり」――。八章二七節以下にイエスが風と海とをお叱りになると大なぎになったという出来事が記されています。ペテロはその出来事を忘れてしまったのでしょうか。それほど長い時が過ぎたわけでもないのに、記憶から抜けてしまっている。彼は風も海も従わせたイエスの言葉をそのとき聞いたのです。忘却と想起。彼は風を見たとき、イエスが語り、風も海も従わせたイエスを思い出さなければならなかったのです。

恐れたペテロは「おぼれかけた」――沈みかけたのです。水の上を歩いてイエスのところに向かうあいだ、彼の信仰は失われることがありませんでした。しかし、信仰がぐらつきはじめると、彼はおぼれかけたのです。人間の魂が霊的に沈むのは、信仰の弱さのためです。のちにペテロはポント、ガラテヤ、カパドキアなどに離散している人たちをはげます手紙を書きました。ペテロは海上でおぼれかかった時のことを思いだしているのではないでしょうか。第一の手紙一章五節――「あなたがたは終りの日に啓示さるべき救にあずかるために、信仰により、神の御力に守られている」。ここでペテロの言う信仰とはキリストの十字架と復活によってなされている永遠のいのちにあずかる、神の契約を信じる信仰のことです。海上で沈みかけ、信仰を失ったみじめな自分を思いおこして、各地でばらばらになっている人たちに、信仰によって生きるようにとうながしているのでしょう。わたしたちは信仰によって支えられています。だから、沈むばかりになり、魂が思い乱れるとき、神を待ち望む信仰によって生きるのです。熟練した漁師であったペテロは水に飛びこんでも歩くことは出来ません。しかし、泳ぐことはできたはずです。しかしイエスは泳ごうとする彼を沈ませようとされます。それは身につけた自分のわざによらないで、信仰によって救われるということを示そうとされたからです。信仰を失いかけたペテロを見たイエスは、あれはもう駄目だ、沈むにまかせようとはしないで、「主よ、お助けください」と叫ぶ時を与えられました。イエスは彼をあわれんでおられたからです。主よ、お助けください、と叫ぶ時を与えたのはイエスがペテロをあわれんでおられたからではないでしょうか。彼はただ、おぼれかけただけです。こうしてキリストはペテロをこころにかけてくださいました。イエスは「おいでなさい」と言われた。この言葉を信じなかったなら、彼はイエスのもとに行こうとはしなかったでしょう。

あらしにあったペテロはいのちを失いたくない。彼は手抜かりのない、昔から試みられた方法をとりました。つまり、最後に行きつく方法です。それは祈るという方法です。彼は叫んで、

「主よ、お助けください」と言いました。危険を感じるとき、叫び声をあげます。それはひとつの目標をめざす、適切な祈りでした。キリストは助け主として来られました。彼は救いを求めて叫けばなければなりませんでした。彼が叫んだのはおぼれかけた時です。信仰が弱いとき、祈りは切実でなければなりません。ヘブル人への手紙五章七節に、苦しむキリストが、激しい叫びと涙とをもって自分の死から救う力のあるかたに祈りをささげ、その信仰のゆえに聞きいれられたと書いてある。これはゲッセマネの園で苦しみ悩むイエスのことと思われます。イエスの苦悩は、ペテロに祈る人でなければならないと教えています。イエスは救い主であり、人間の救いのために来られました。救いへの願いが強くなるとき、イエスのみもとに来るということだけではなく、救いを求めて祈らなければならない。ペテロが祈ったのはおぼれかかったときです。ペテロの祈りは激しい叫びでした。彼はいのちの危険を感じたとき、キリストのもとへ走り出す人となりました。

134

一四章三一—三三節

イエスはすぐに手を伸ばし、彼をつかまえて言われた、「信仰の薄い者よ、なぜ疑ったのか」。ふたりが舟に乗り込むと、風はやんでしまった。舟の中にいた者たちはイエスを拝して、「ほんとうに、あなたは神の子です」と言った。

おぼれかけているペテロを見て手を伸ばしてくれるほど親切な人はほかにいないでしょう。ペテロはおそらく助けてもらえないだろうと思いながらも、「主よ、お助けてください」と言いました。この時のペテロにはあつかましさと同時に、意識を失いかけたときの不信仰とが混在しています。それにもかかわらず、イエスは手を伸ばし、彼をつかまえ、右の手の勝利をもってお答えになります。おぼれかかり死ぬばかりになったとき、主の手が彼をつかまえました。詩篇一八篇に「わたしは悩みのうちに主に呼ばわり、主はその宮からわたしの声を聞かれ、主にさけぶわたしの叫びがその耳に達した」と歌っています。キリストの手はペテロに差し出され沈まないようにしてくださる。イエスはペテロを見捨てるように見えますが、そう見えるだけで実際はそうではありません。イエスは手を伸ばし、彼をつかまえます。というのは、だれもイエスの手からペテロを奪い去る者はいないからです。ペテロが主に助けを求める時、主はペテロに答え、すべての恐れから彼を助け出されるのです。

イエスはペテロを叱りつけて言われました。「信仰の薄い者よ、なぜ疑ったのか」――。薄いと言われる。薄いを小さいと読むことも出来ます。信仰がないわけではない。たしかにある。それもあいまいな信仰ではない。イエスのところへ行こうとするペテロの信仰は真実であると言わなければならないでしょう。しかし、真実であってもまだ弱いのかもしれません。小さながらし種のようなもので、やがて芽を出し実を結ばなければならない。湖の上を歩いてイエスのもとに行こうとしたペテロの信仰は真実でした。しかし、それはまだしもであった。海の上を歩き通してイエスのもとにたどりつくには不十分な信仰。イエスはそれを「薄い」と言われるのです。イエスはペテロの弱い信仰を見て、たしかな信仰へと成長することを望んでおられるのです。叱責のような言葉に聞こえますが、やがてあなたは信仰から信仰へと成長することができる。そういうはげましの言葉ととることもできます。わたしたちの信仰が薄く、疑いのこころにとらわれている現実はイエスに不快な思いをいだかせるでしょう。信仰の薄いペテロを見るイエスがそれを喜んではおられません。「なぜ疑ったのか」と言われる。「なぜ」というのは自分自身を深く見つめて問いかける疑問ではありません。もちろん、ペテロを見て、なぜ、と言われたのでしょう。ペテロは疑いながら、その目をイエスに向け、イエスに近づきました。ペテロがこころに疑いをいだくわけがない。それどころか、イエスはペテロにあらしの中にも助けを用意しておられるのです。イエスは詩篇の言葉にあるように悩める時にいと近き助けを用意しておられるのです。

「ふたりが舟に乗り込むと、風はやんでしまった」――。やがて舟は岸に着きます。ペテロも一緒でした。あらしはやんでしまい、静かさが支配します。静かであるということはイエスが、まことの神であり、わたしたちと共にいてくださる主であるということを知るということです。

弟子たちにはすでにイエスを神の子と信じる信仰がありました。しかし、この湖の体験はかれらの信仰をしっかりしたものとし、イエスは主であるという礼拝の対象としたのです。なぜなら、この人のほかに五つのパンと二匹の魚で群衆を養うことができる人はいないし、海のおもてを歩くことができる人はいないからです。だから彼らはそれらが実際におこった出来事であることを認め、信仰を告白しました――「ほんとうに、あなたは神の子です」という告白です。

弟子たちはすでに山上の説教、または譬話によって天国とは何かということを教えられてきました。彼らが耳を傾けて聞いたひとつひとつの言葉が確実であるということがわかってくるということ。見るべきものを、はっきり見るまでに成長し、それが確実であると告白する信仰にまで至るということ。

舟の中にいた者たちはイエスを拝して、あらしが静まり、海がおだやかさを取りもどしたとき、イエスを拝む機会をそこから得ることができました。拝したとは、神に栄光を帰するという意味です。弟子たちは、イエスに出会った現実の中で神をあがめる人となりました。彼らはキリストをあがめ、愛して、「ほんとうにこの人は神の子です」と言いました。教会の諸信条、信仰告白の内容は、神の子キリストに栄光を帰するものでなければなりません。信じるということが、礼拝の基本的な原理であり礼拝は真実な信仰から生まれたものです。イエスを神の子と信じない人がどうして、あなたは神の子であると告白する礼拝者となることができるでしょうか。出エジプト記に「神は有って有る者と言われた」と書いてある。ヘブル書一一章六節「神に来る者は、神のいますことと、ご自身を求める者に報いてくださることを、かならず信じるはずだからである」。礼拝は真実な信仰のこころから生まれたものなのです。

一四章三四―三六節

それから、彼らは海を渡ってゲネサレの地に着いた。するとその土地の人々はイエスと知って、その附近全体に人をつかわし、イエスのところに病人をみな連れてこさせた。そして彼らにイエスの上着のふさにでも、さわらせてやっていただきたいとお願いした。そしてさわった者は皆いやされた。

「彼らは海を渡ってゲネサレの地に着いた」――。ゲネサレはガリラヤ湖の西岸、カペナウムの南の作物の生育に適した平野です。湖はガリラヤ湖と呼ばれますがゲネサレ湖とも呼ばれていました。ゲネサレという地名がこの湖にさかのぼるのか、あるいはその逆であるかもしれません。

「するとその土地の人々はイエスと知って」――。おそらく、弟子たちから湖上の出来事のことを話して聞かされたので、この人はイエスだと気がついたのでしょう。彼らはイエスの滞在は短いということを知っていました。だから、時をのがさず、病人をいやしてもらわなければならない。だからゲネサレ全体に人をつかわし、キリストが来られたということを、すみずみまで知らせてイエスのもとに連れて来させたのです。その土地の人びとはイエスをただ自分たちだけのものとはせず、ほかの人にも知らせようとしたのです。附近全体のさいわいを願ったからでしょう。土地の人々は、その土地への愛があります。土地の人びとを愛していることをあかしするためには、まず、キリストのことを知らせなければならない。そうすればゲネサレの地方全体は、ほかに比べようもない、ただひとつのものを示されることになるでしょう。

人々は何をしようとしてイエスのもとに来たのでしょうか。彼らにはイエスからいろいろと教えてもらいたいという気持ちがあったにちがいありません。ただそれだけではありません。病気をなおしてもらうためです。土地の人々は、「病人をみなイエスのところに連れてこさせた」。病人々がさいわいや平和を求めるなら、まずキリストを求めなければなりません。人をひきつけてやまないほかのどんなものにまさってキリストから恵み、救い、祝福を得ることによって、彼に喜んでいただかなければならない。ここで人々が求めたのは、せめてあなたの「上着のふさにでも、さわらせてやって」ください、ということでした。それで満足です、というようなひびきがあります。かっこうが悪いから、というようなこだわりはなく、ただ、イエスに求めた――「上着のふさにでも」さわらせてくださいと。求める者は与えられるのです。

彼らはキリストとは大きな距離があることをよくわきまえている人々でした。自分を低くする謙虚さがあります。わたしたちはなんのとりえもない者です。声をかけても答えてもらえない者ですが、病気がなおるように、上着のふさにさわらせてくださいと懇願しました。もしそれが許されるなら、身に余る恵みです、と言うのです。

彼らはキリストの上着のふさに病人がいやされる力があると信じていました。それは確信と言ってもよいほどのものでした。彼らはイエスが手を伸ばして病人にさわるということを期待していません。上着のふさにさわるという小さな行為をとおして恵みが伝えられると信じています。長血をわずらう女がうしろからイエスの衣のふさにさわっていやされた、という出来事が九章にありますが、それはこの地方の近くであったのかとも推測することもできます。おそらく、その女と同じことをイエスにお願いしたのでしょう。

「さわった者は皆いやされた」――。イエスのもとに来た人たちの数はわかりません。しかし、その数が多くてもすくなくても、そのすべてにキリストのいやしの力はあらわれます。彼の力は弱いところに完全に現れるのです。キリストのいやしの力は、この人ならまちがいないと信じる人びとに向かってさしだされます。キリストは高み――天――におられますが、自分のものとすることができない遠さではなく、たやすく自分のものとする近さにおられます。言葉はわたしたちの近くにあり、あなたの口にあり、こころにあるとローマ書一〇章八節にある。ゲネサレの人びとはイエスに近づき、その言葉にふれることができました。そして、さわった者は皆いやされました。いま、わたしたちはキリストに近づくことができないほどの遠さにありますが、そのみ言葉はわたしたちの近くにあります。そして彼ご自身はみ言葉の中におられます。キリストの言葉は弱いところに完全に現れるのです。キリストに従うとき、わたしたちは彼の上着のふさにさわります。それはただされるだけのことですが、そこで人びとはみな、完全にいやされるのです。もし、わたしたちが傷ついて死ぬとしてもいやし手であるキリストが悪いのではありません。いやし手であるキリストに欠陥があるのでもありません。いやしの意志が不十分だったからでもありません。わたしたち自身が悪いのです。キリストに欠けたものはひとつもありません。

136

一五章一―二節

ときに、パリサイ人と律法学者たちとが、エルサレムからイエスのもとにきて言った、「あなたの弟子たちは、なぜ昔の人々の言伝えを破るのですか。彼らは食事の時に手を洗っていません」。

パリサイ人と律法学者たちがイエスのもとに来て、あなたの弟子たちは食事の時に手を洗っていません、と言いがかりをつけました。こんなことをするようなあなたの弟子たちを見すごしにすることはできない。そういう指摘です。こんな悪い態度が良い律法をもたらすきっかけとなり、イエスは多くのすぐれたお話しをなさるようになりました。弟子たちに及んだ非難が一転してさいわいをもたらすようになったのです。パリサイ・律法学者は律法を守る信仰深い人びとでありキリストの福音に敵対する人たちでした。しかしキリストの敵ではあっても、律法を守るように見せかけ、おもてにはあらわれないようにしていました。彼らは律法を学ぶ人であり、それを教えるのは自分たちだけだと思っていました。教えることを仕事としていたのです。多くの人びとが教えてもらうために集まって来ました。教える人は謙虚な人でなければならないのに尊大で悪意をいだき、おごり高ぶる人でした。

こういう人たちは、弟子たちが悪いことをしているとして非難します。この非難はまちがっていないということを根拠づけるために一つの実例をあげています。「あなたの弟子たちは、なぜ昔の人々の言伝えを破るのですか。彼らは食事の時に手を洗っていません」――。この高慢は、パリサイ人・律法学者がエルサレムから来たということにあるらしい。それが高慢の理由と考えられる。エルサレムはイスラエルの首都でユダヤ教の中心です。エルサレムから来た人は律法を正しく読まなければならないにもかかわらず、彼らは謙虚さを失い、高慢になりました。純粋な水がわきでるところであったはずなのに、どうして、彼らはこんなことになってしまったのでしょうか。

昔の人々――先祖たち――の言伝えとは何でしょうか。くり返し手を洗うこと。ことに食事のときは洗わなくてはいけない。それを守らなければ神に対して罪を犯すことになる。手を洗わないぐらいのことにこれほど大きな非難をされるのは不思議なことですが、その気持ちはわからないわけではありません。規則を押しつけるということはよくあることだからです。

弟子たちによって破られた昔の言伝えとは、パンを食べる時に手を洗わなかったということのようです。パリサイ人はほかのことでもきびしい人たちだったので、それだけに腹が立ったのです。弟子たちは「昔の人々の言伝え」を知ってはいましたが、その知識において十分ではなかった。しかし、不足はあっても、あっさり、すみませんなどとは言わないで、よくしらべて見るという態度をとれるようになっていました。パリサイ人が見ているところで手を洗わなかったというわけではありません。弟子たちはすでにイエスから「ゆるし」ということを学んでいました。たしかにパンを食べる前に手を洗うことはまちがいではありません。しかし、弟子たちはパリサイ派の言うところに支配されたりはしません。

手を洗わないで食事をするのを見たパリサイ人と律法学者の非難は弟子たちに向けられないで、キリストに向けられ、議論となります。手を洗わないでいいという見本をイエスが示した。それに弟子たちは従った、と彼らは思いました。だから、弟子たちに対して直接に言いがかりをつけるのではなく、イエスのもとにきて、なぜ、昔の人びとの言伝えを破るのですかと言いました。不満は弟子たちにではなくイエスに向けられたのです。それはよいことでした。なぜなら、弟子たちは、まだ、しっかりわかっていたわけではなく、整然と答えるまで理解していなかったのではないかと思われるからです。

137

一五章三―六節

イエスは答えて言われた、「なぜ、あなたがたも自分たちの言伝えによって、神のいましめを破っているのか。神は言われた、『父と母とを敬え』、また『父または母をののしる者は、必ず死に定められる』と。それだのに、あなたがたは『だれでも父または母にむかって、あなたにさしあげるはずのこのものは供え物です、と言えば、父または母を敬わなくてもよろしい』と言っている。こうしてあなたがたは自分たちの言伝えによって、神の言を無にしている。

弟子たちに対するいいがかりをパリサイ人は弟子たちにではなく、イエスに向けてきました。それに対してイエスは弟子たちのしたこと、つまり、パンを食べる前に手を洗わないということの正しさを証明します。しかし、ただ反論したのではありません。なぜなら反論することが弟子たちの正しさを証明することにはならないからです。

二節でパリサイ人は「昔の人々の言伝え」と言っています。それは古い習慣で悪いものではなかった。しかし、三節でイエスはそれを「自分たちの言伝え」と呼ばれるのです。昔の人々、そしてそれを引きついでいるパリサイ・律法学者は弟子たちも同じようにならなければならない、それなのに手を洗わない。そう言うのです。彼らは神のいましめよりも、自分のすぐれたところを人に見せようとしたのです。自分のものを人に押しつけようとしたと言ってもよい。そういう人は神のいましめには関心がない。弟子たちがそういう押しつけに注意しなければならない理由はだれにあるのかというわけです。なぜなら、弟子たちには手を洗わない自由がある。それを不当にそこなうように思われるにすぎませんが、次第にキリストの権威に対抗するようになるかもしれないからです。

「イエスは答えて言われた、なぜ、あなたがたも自分たちの言伝えによって、神のいましめを破っているのか」——。神のいましめとはどのようなものでしょうか。これは十戒の第五戒、出エジプト記二〇章一二節の「あなたの父と母を敬え」です。子どもには両親を敬う義務があります。そこからすべての人に共通してこのように求めておられます。神はすべての人に共通してこのことがわきでてきます。第五戒には「あなたがたが長く生きるため」と記されています。しかしイエスはこの約束だけがすぐれたものという考えかたを捨て、二一章一七節の「自分の父または母をのろう者は、かならず殺されなければならない」といういましめを取り出しています。「ののしる」とは悪口を言うこと。言葉は両親を尊敬しているように聞えても、行いがともなわないなら、ののしると同じこと。それは耳にひびきのよい言葉であっても、ののしる、あるいはのろうということになってしまいます。

もう一つ。五―六節。「それだのに、あなたがたは『だれでも父または母にむかって、あなたにさしあげるはずのこのものは供え物です、と言えば、父または母を敬わなくてもよろしい』と言っている」――。ここでそれとなく示されていることは、そのような供え物をする霊的な人と言われて親の評判は高まるだろうから、彼らは水でも飲んで生きていかなければならない。それがパリサイ人の教えでもあり、自分たちは悪くはないという弁明でもありました。しかし、昔の人々の言伝えはあきらかに敬虔さを欠いています。なぜなら、父と母とを敬うということは人間として当然のことであり、それをそのままにして父母を敬うこと――それが第五戒の言うところだからです。両親を敬うということも、基本的な律法の一つなのです。パリサイ人は旧約について豊富な知識をもっていたはずです。ホセア書六章九節の「わたしはいつくしみ――あわれみ――を喜び、犠牲を喜ばない」という言葉の意味がわかっていなかったように思えます。儀礼上の供え物はあわれみに道をゆずり、父母を敬うという自然の法は供え物に取って代わることになります。これは神のことばを無にする――空しいものとすることでした。ホセア書の言葉はマタイ一二章七節で、イエスが用いていますが、これは、この箇所に通じるものがあるでしょう。手を洗うというおきて。それを破ることは悪い。イエスは三節で、「なぜ、あなたがたも自分の言伝えによって、神のいましめを破っているのか」と言われています。しかし、人がいましめの一つでも破り、またそのように人に教えたりする者はもっと悪い。五章一九節。もしいましめが守られないならそれはなんの役にも立たないのです。あなたがたは神の言を無にしているとイエスは言われる。詩篇一一九篇一二六節――「彼らはあなたのおきてを破りました。今は主のはたらかれる時です」。主がはたらいてくださる時は迫っているのです。なぜなら、彼らはあなたのいましめを破っていますから。いましめを破る罪を犯すだけでなく、いましめから離れることも罪なのです。しかし、キリストのおかげで、昔の人々やパリサイ人の言伝えにもかかわらず、神のいましめにはあらゆる力も徳も十分に満ちあふれています。

138

一五章七—九節

偽善者たちよ、イザヤがあなたがたについて、こういう適切な預言をしている、
『この民は、口さきではわたしを敬うが、
その心はわたしから遠く離れている。
人間のいましめを教として教え、
無意味にわたしを拝んでいる』」。

イエスはパリサイ人と律法学者の質問に答えるためにもう一つの方法を用いられます。それは彼らを「偽善者たち」と呼びかける、いわば、叱りつけるような言いかたによってです。人のこころを探り、その中にあるものが何かを知ることができる人が、偽善者よと断定的に宣告できる人です。イエスはパリサイ人のこころをご存じなのです。

「偽善者たちよ」——。この叱責のよりどころはイザヤ書二九章一三節です。イザヤは彼が預

言者として活動していた時代の人びとに対して語りかけました。そこには信仰についての考えかた、その世俗化というものがありました。神に対する口先だけの接近しかありません。誠実さが欠乏している。それはどこから生まれてきたのか。イザヤが語った預言をイエスは彼の時代のパリサイ人、律法学者に適用します。イザヤの預言は、ここでパリサイ・律法学者に向けられています。聖書の預言は、あらゆる時代に成就し、力を発揮しているのです。イザヤの預言はあきらかに彼らの偽善を読み解いています。

八節――。イザヤの預言した時代の民の礼拝のやりかた。「口先だけで」神を敬う――礼拝しているように見せかけるがその心はわたしから遠く離れている。パリサイ人は礼拝のために宮に上ります。宮ですから、神を信じない人々が集まっている場所ではありません。彼らはそこで、うわべだけを礼拝者のように見せかけ、信じ合う人として握手したりします。口先――ことば――では神を敬う。口先の人というのは、愛について語る人。しかし、それだけで、こころの中に真の愛はない。そういう人。偽善者は主を呼び求めるだけ。たくみな言葉を用いる技術にはすぐれていても実が伴わない。そのこころはわたしから遠く離れている。イザヤの時代。人びとは神のあわれみとゆるしによって神の前に立つ。そうではなくなっていた。信仰とは神のわざに対するおどろきであり、喜びです。礼拝の場所に身をおきながらそれがなくなっている時代。偽善者のこころは遠く神から離れている。日常性の生活の中で疎遠になっている。

九節――。人に対して人間的いましめを教えるということ。偽善者は口数が多く、教えるところも多いが、これはその中の一つの例でパリサイ人がよくやることです。当時のイスラエル人は神を敬うのと同じように昔の人々の言伝えを喜び、受け取りました。食事の時に手を洗うというのは昔の人々がつくりだしたものです。それを守ることが義務化され、制度化される。これは偽善です。単なる人間のいましめにすぎません。人間のいましめが人間のこまかなところまでよく知っているのは当然のことです。しかし、神はご自分が定めた教え以外のものは受けいれません。神から来るもの、ただそれだけです。偽善者たちの教えるところはある決まった広がりだけで、彼らの敬い――礼拝――はその目的を果すことがありません。「人間のいましめを教として教え、無意味にわたしを拝んでいる」――。「無意味に」とは無駄に、あるいはむなしくということです。そのむなしさは決して小さいものではありません。空しい礼拝であるなら、そのむなしさはどれほど大きいことでしょうか。み言葉に聞き、聖礼典にあずかる。それが無意味であるなら、それはなんとも悲しいことではありませんか。彼らのこころが遠く離れている。彼らの語ることが何の益になるか。パリサイ人は口数が多く、いろいろと語ります。しかし、そのこころが神と共にあるのでなければ、無意味な礼拝となります。無意味なものを信じ、拝むなら、むなしさがその報いとなって帰ってきます。パリサイ人は弟子たちが昔の人々の言伝えを守らなかったと言って批判しましたが、イエスはそれを正しいとされました。それに対しパリサイ人がどう答えたのでしょうか。

139

一五章一〇—一一節

それからイエスは群衆を呼び寄せて言われた、「聞いて悟るがよい。口にはいるものは人を汚すことはない。かえって、口から出るものが人を汚すのである」。

「それからイエスは群衆を呼び寄せて言われた」——。「群衆」はパリサイ人・律法学者との対話の場から離れていました。なぜか、よくわかりません。おそらくパリサイの中でも有力な人が群衆に離れているようにと命令したのでしょう。イエスは彼らの希望に従いました。対話というより、議論を非公式にして彼らの言うとおりにしなければなりませんでした。しかし、それが終ると、群衆を呼び寄せました。パリサイ・律法学者は群衆——庶民——を程度の低い人として見くだしていました。しかし、イエスにはパリサイ人のように群衆を見くだすようなところはなく、群衆を呼び寄せて言われました。「聞いて悟るがよい」——理解しなさい——と言われました。悟るためにわたしの言葉を集中して聞きなさい。なぜなら、イエスが、いま、彼らに教えようとしているいましめは、パリサイ人たちが教えたいましめとは、まったく反対の考えかただからです。彼らにはそこから離れることが出来なかった慣習がすくなくありませんでした。それを逆転するためには聞いて悟ることが必要です。正しいものとまちがったもの。それを二つの言葉で現しました。

「口にはいるものは人を汚すことはない」――。人間を堕落させ、汚すものは何を食べたかというようなことではなく、手の働きによるのでもない。マタイがキリストに教えられ主張したのは天国――神の国――の教えです。ローマ書一四章一七節には、パウロとしては珍らしく、神の国という表現を用いています。神の国はまだ待ちつつある未来ですが、キリストによるたしかな基礎が据えられています。未来をめざす戦いの中で「口にはいるものは人を汚すことはない」。人を汚すことが罪なのです。そうなった人はキリストにつまずき、神とまじわるにはふさわしくなくなります。よいもの悪いものを見分けることなく食べるのでなければ悪いことではない。きよい人にはすべてのものがきよいのです。パリサイ人は食べものに関して、律法の言うところ以上に儀式的になり、彼ら自身の言伝えを押しつけました。イエスはそれとは反対に律法を廃止する道が開かれることを考えておられます。古い律法でなく新しい律法を成就するためにわたしは来た、と山上の説教でも言っておられる。パリサイ人は食べ物に関して律法の言うところ以上に堕落とでも言うことができるような儀式を重荷として強要したのです。イエスは、彼に従う人たちに、どんなものでもきよくないとか、汚れているとか言ってはならないと教えはじめておられます。「かえって、口から出るものが人を汚すのである」と言われる。汚れた手で食事をすれば汚れるのではなく、汚れたこころから出る言葉によって汚される。伝道の書でソロモンが言う「あなたの罪があなたに罪を犯させないようにせよ」ということです。キリストは弟子たちに言葉をつつしむように、と言われます。イエスがそう言われる目的は、弟子たちのまちがいを探し出して非難するパリサイ人に対する警告、あるいはそのあやまちを叱りつけることにありました。弟子たちは食べるものによって自分を汚しているのではなく、パリサイ人こそ、弟子たちの洗わない手でパンを食べるのを見て、非難することによって自分を汚しているのです。気をつけなければならないこと。それは人間が決めた、どうしたらよいのかということについての思慮深いとは思えないいましめに対立する神のいましめを破ったと言って、自分により大きな罪をもたらすことです。力の限りを尽くして人の汚れを非難する人々が、自分を汚す人となってしまうということです。

140

一五章一二―一四節

そのとき、弟子たちが近寄ってきてイエスに言った、「パリサイ人たちが御言を聞いてつまずいたことを、ご存じですか」。イエスは答えて言われた、「わたしの天の父がお植えにならなかったものは、みな抜き取られるであろう。彼らをそのままにしておけ。彼らは盲人を手引きする盲人である。もし盲人が盲人を手引きするなら、ふたりとも穴に落ち込むであろう」。

弟子たちはパリサイ人たちはあなたの言葉を聞いてつまずく――いきどおる――ことがわかっているのに、なぜ、わざわざ、言わなくてもいいことを言われたのですかと問いただしました。パリサイ人たちの怒りは律法学者よりはげしいものでした。言葉をつつしまなければならないというイエスの教えにいらだったのです。イエスは彼らがつまずくだろうということをよくわきまえておられます。それなのになぜ、と弟子たちはいぶかる。しかし、イエスはご自分の言ったことによって何がはじまるか、よく、わきまえておられました。しかし、それを恐れてはいけないということを考えておられるのです。語るべきことは語り、沈黙してはならない。パリサイ人がそれを聞いていきどおるなら、それは彼ら自身の責任です。高い地位にある人が恥をかかせられると、その怒りがおさまるのは容易なことではありません。

弟子たちもつまずいたのではないでしょうか。パリサイ人に対するイエスの言いかたに、普通の人とは思えない大胆さを感じたからです。「パリサイ人は御言を聞いてつまずき」ました。わたしたちの立場も考えて、もっと丁寧に教えてください、というひびきがあります。弟子たちは自分たちのことだけでなく、パリサイ人のことも気がかりになっています。律法は敵を愛することを教えている。イエスに敵対しても彼らはイエスに愛されなければならない人たちなのだ。だから、つまずいたままで、彼らがイエスから離れてしまうのではないか。そういう気づかいが必要かもしれません。弟子たちは、イエスの言葉を批判的に聞くパリサイ人をいたずらに怒らせて去らせてしまうことがないように注意しなければならないということがあるかもしれません。しかし、パリサイ人の誤りをそのままにしておくなら、彼らはイエスの弟子とは言えないのではないでしょうか。

「イエスは答えて言われた、『わたしの天の父がお植えにならなかったものは、みな抜き取られるであろう。彼らをそのままにしておけ』」――。パリサイ人のまちがった意見や習慣だけではなく、パリサイ派という派閥も神がお植えになったものではない、と言われたのです。イスラエルは神によって支配される民として植えつけられました。パリサイ人を見るとたしかにすぐれた人とも見える。しかし、パリサイ人を見ると神によって植えつけられた民ではなくなってしまった。よい実を結ぶ木として植えつけられたにもかかわらず、たちの悪い雑種の木に変わってしまった。それは父がお植えになった木ではない。「天の父が植えられたものでないものは、まちがいなく、みな、抜き取られるであろう」――。神から出たものだけが立つことができる。神によって植えられた木だけが神に守られ、そうでない木はまちがいなく抜き取られる。み言葉にもとづかない木は枯れて死ぬか、あるいは、当然のことながら、その生命を全面的に否定される運命にある。パリサイ人の言伝えは捨てられてから長い時間がたっています。しかし、神のことばは永遠に存続し、抜き取られることはありません。

「彼らをそのままにしておきなさい」とイエスは言われます。心配することはない。なぜそう言われるのでしょうか。神のことは何も知らないのに、そして律法の持つ深い意味もよくわかっていないのに、ほかの人にまさる知識があると思っているからです。目が見えない盲人であるにもかかわらず、遠くが見えると思っている。だから人を天国へとみちびく指導者であると思っている。盲人とは律法に対して目を開かれていない人。その無知は群衆と同じなのに、よく見える人のように自分を持ち上げている。彼らは自分たちが目の見えない者であることに気づいていません。キリストによって目を開いてもらおうとする謙虚さがなく、かえって尊大で、自分たちは盲人なのですか、と言っています。そんな人をそのままにしておきなさい。放っておけと言われる。彼らには希望が見いだせない。彼らとかかわってはいけない。目が見えないにもかかわらず、ひとりよがりに行動する。人びとは、彼らに聞くことによって愚かになり、空しいものに従っていく。ホセア書五章一一節の、空しいものに従って歩んだゆえ、さばきを受けて、しえたげられる、との預言をここに見ることができるでしょう。偽りの預言を愛しているとき、人びとはどうなるのか、想像することはむずかしいことではありません。

パリサイ人と彼らを信じてやまない人たちはまもなく「穴に落ち込む」であろう、とイエスは言われる。彼らは目が見えないのに、大胆に、危険な道を歩んでいる。穴に落ち込めばすべてが終りである。最初に穴に落ちるのは教える人、そして教わる人がそれに続く。まちがって教える人だけが穴に落ちるのではなく、彼らに従う人も穴に落ちる。この民を導く者はこれを迷わせ、彼らに導かれる者はのみ尽くされる。イザヤは九章一六節でそう預言しています。

141

一五章一五—二〇節

ペテロが答えて言った、「その譬を説明してください」。イエスは言われた、「あなたがたも、まだわからないのか。口にはいってくるものは、みな腹の中にはいり、そして、外に出て行くことを知らないのか。しかし、口から出て行くものは、心の中から出てくるのであって、それが人を汚すのである。というのは、悪い思い、すなわち、殺人、姦淫、不品行、盗み、偽証、誹りは、心の中から出てくるのであって、これらのものが人を汚すのである。しかし、洗わない手で食事することは、人を汚すのではない」。

ペテロは弟子たちを代表して、「その譬を説明してください」、と言いました。それに対し、イエスは、「あなたがたも、まだわからないのか」と言われます。叱りつけるような口調です。「あなたがたは」ではなく、「あなたがたも」です。パリサイ人もイエスの言葉に怒りをおぼえました。しかし、彼らは反論しませんでした。なぜなら、イエスの言葉によって自分たちの考えをあらためることを望まなかったからです。しかし、弟子たちはイエスの言葉を理解することになれていなかったからです。パリサイ人がわたしの話しを理解しないのは当然のことです。天国の教えについて何も知らないのですから。しかし、あなたがたは長いあいだ、わたしに学んできた。それなのにわかっていない。恥ずかしいことではないか。イエスは弟子たちの鈍さを叱責されましたが、あなたがたはもう駄目と言って見捨てることなく、彼らをあわれみ、教えて言われます。

「口にはいってくるものは、みな腹の中にはいり、そして外に出て行く」──。食べ過ぎや贅沢な飲食はこころから出るものでものを汚す。しかし、食べることそのものは、パリサイ人の考えのように汚れてはいません。食べていらなくなった残りやよごれたものは、外に出て行く。その道は用意されている。もし、手を洗わないで食事をし、不潔なものが食べ物にまざっても、この作用によって良いものと悪いものは分別されて外に出て行く。食事の前に手を洗うのは清潔のためと言うことはできますがこころの問題ではありません。手を洗うことを信仰の問題とするなら大きなまちがいを犯すことになるでしょう。イエスが非難しているのは、食べ物の習慣そのものではなく、食べ物そのものによって信仰の立場を求める考えかたです。パリサイ人の意見によると、人間を神に近づけるのは食べ物であるかのようになってしまいます。

しかし、「口から出て行くもの」──。こころの中にあるものが出てきて、人を汚すことがあります。すべての罪のわき出る源はこころです。そこから流れ出る欲望にとらわれた状態のいくつかがここに並べられています。このすべては人から出るもの、こころの中で形づくられた正しくない思いが実を結んだものです。

「殺人」――。これはモーセの十戒の第六のいましめに対立する罪です。これはわたしたちのこころの中にある人を自分より劣ったものとして見くだすこころから出てきます。ヨハネの第一の手紙三章一五節――すべて兄弟を憎む者は人殺しであり、人殺しはすべて、その人のうちに永遠のいのちをとどめてはいない、と記されています。「姦淫」と「不品行」は第七のいましめに対立する罪です。こういうみだらな行動は不潔な肉のこころから生まれます。肉の思いが罪を生みだす。まずこころの中で姦淫、そこから行動が始まる。「盗み」は第八のいましめに対立する罪です。人をだまして利益をあげること、帳簿の書き換え、強奪など。これらすべてはこころの中から出てきます。「偽証」は第九のいましめに対立する罪です。これはこころの中で偽りと悪意がからみ合うことによって生じる罪です。偽りではなく真実、悪意ではなく善意がこころの中にあるなら、偽証が生まれる余地はありません。「誹り」は第三のいましめに反対する罪で第三のいましめ――主の名をみだりに唱えてはならない――ということと、第九のいましめに反対して人の悪口を言うことです。これらはこころの中で人を軽蔑したり、冷淡に扱うことが口から出てくる罪です。

「これらのものが人を汚す」――。それが神の目にとまって、愛されることなく、嫌悪されるものに変えるということ。これでは神との交わりは、ふさわしくなくなってしまい、天国にはいることができません。

「これらのものが人を汚す」――。だから気配りをして、これらに近づくことがないように気をつけなければなりません。気をつけて、避けるようにしなければならないのです。パリサイ人は食事の前に手を洗うことを重点的に考えました。しかし、それはよくない、とイエスは言われます。食べ物について、よいものと悪いものを区別すること。これはいけない、というような指示はなさらない。しかし、手を洗わなくてはいけないという昔の人々の言伝えは廃止してよい、と言われます。したがって、パリサイ人が持ちかけた、食事の前に手を洗うという論争は、洗えば神の前でよりよいものとなるというのではなく、洗わなくても、より悪いものとなるのではない、とイエスは言われる、これがこの論争の結論です。

142　一五章二一―二三節

さて、イエスはそこを出て、ツロとシドンとの地方へ行かれた。すると、そこへ、その地方出のカナンの女が出てきて、「主よ、ダビデの子よ、わたしをあわれんでください。娘が悪霊にとりつかれて苦しんでいます」と言って叫びつづけた。しかし、イエスはひと言もお答えにならなかった。そこで弟子たちがみもとにきて願って言った、「この女を追い払ってください。叫びながらついてきていますから」。

「ツロとシドン」にはユダヤ人の住む地域がありました。イエスがそこへ行かれると、一人の女が出てきました。カナンの女です。カナンは偶像を拝む土地であり、見えるものにとらわれる土地柄です。この女は呪われたカナン人の子孫と思われます。しかし、カナン人の中にも残された人がいるのです。この女も取り残された人としてイエスのもとに来ました。もし、イエスがこの地方に来られなかったなら、彼女はイエスのもとには来なかったでしょう。「主よ、ダビデの子よ。わたしをあわれんでください。娘が悪霊にとりつかれて苦しんでいます」――。切羽つまった叫びです。女はあわれみを求めます。「ダビデの子よ」と呼ぶとき、彼女はイエスを救い主と告白しています。キリストから来る救いを、異邦人であっても期待してよい。ダビデの子孫から救い主が出る、という預言者の約束に女は期待を寄せています。

彼女が求めるのは、あわれみだけです。あのこと、このこととは言わない。求めるのはあわれみそのものです。求めるというより、あなたのあわれみだけがわたしの頼り、と言っています。苦しんでいる娘に対するあわれみは、わたしに対するあわれみ、と考えてよい。

「しかし、イエスはひと言もお答えにならなかった」――。求めて来る者に対するイエスの沈黙。語りかけて来る者に答えない。むしろ、彼は、呼びかけてくる声のさきに答え、彼らがまだ語っているときに、聞いてくださるかたでした。ところがこの女に対してとった態度は冷淡そのもの。この態度を正しいものと根拠づけるものをあきらかにしなければなりません。それは「試練」ということではないでしょうか。イエスは女がすぐれた信仰者であり、落胆に終らない人であることも知っておられました。「ダビデの子よ、わたしをあわれんでください」と叫ぶ女の信仰の力を知っておられました。だからイエスは女を失望させるような態度をとりました。これは創世記二二章のアブラハムに対する神の試みに似ています。あるいは三二章の、わたしを祝福してくださらないなら、あなたを去らせません、と言ったヤコブに似ています。キリストがご自分をあわれみの主として現す場合、その多くはこのような物語をいとぐちとして説明されます。イエスが女に対して気むずかしい顔をして沈黙するのも、彼には女をいつくしむこころがあるということを女に教え、神を待ち望む人にさせるためです。

女の訴えに対して「イエスはひと言も答えなかった」――。イエスは女の信仰を試みたのです。それは、女がイエスを信じる信仰に立つのか、信仰以外のものにこころを向けるのかと、沈黙の中で問いかけるものでした。試練はどこから来るのか。上から来るのです。いま、女が受けている試練は神から来たものであるということ。カール・バルトという神学者は、むずかしい問題に出合って、それを横との関係にするのではなく、上なる者との関係にせよ、と言っています。試練の中で、大きな喜びの中にあるように。この世の喜びではなく、神の恵みに満たされた喜びがあるようにと言うのです。

ひと言も答えなかったイエスに失望して、女は立ち去ろうとしません。あなたはたくさんの人の求めを聞いて答えたのに、わたしにはひと言もありません。どうしてわたしが拒否された最初の人にならなければならないのでしょうか。どうしてわたしだけには、と問いかけます。それは女が今にまさって真剣な祈りの人となるためでした。彼女の求めるあわれみをつめたく拒否されるように見えますが、そうではなく、女をはげまし、あわれみを求めつづけてあきらめない人とするためです。

弟子たちがイエスと女の間に割り込んできて「この女を追い払ってください。叫びながらついてきていますから」と言いました。この女の願いをかなえてやってください。弟子たちはこの女の祈りに関心があったのでしょう。それはよいことでした。女の願いがきかれる。しかし、そのことを願いながらも、この女を帰してやってくださいと言う。叫びつづける女の声から解放されたいという気持ちがあったのでしょう。女は良い人であり、信仰告白者でした。しかし、終りそうもない叫びがつづくと、いやになる。「追い払う」というきびしい言葉です。しかし、願いをききいれて、帰してやってください。そういうやさしさも感じられる。叫びつづける、そのしつこさがつづくので、願いをかなえて帰してやってくださいと言う。すぐれた女と認めながら、弟子たちはいらいらしはじめる。しかし、イエスは、叫びつづける女を愛されるのです。

143

一五章二四—二五節

するとイエスは答えて言われた、「わたしは、イスラエルの家の失われた羊以外の者には、つかわされていない」。しかし、女は近寄りイエスを拝して言った、「主よ、わたしをお助けください」。

弟子たちに対するイエスの答え。「わたしは、イスラエルの家の失われた羊以外の者には、つかわされていない」――。これは女の期待をくじく答えでした。この女はかれらの中にはいません。「イスラエルの失われた羊」だけが救われるのです。あなたがたはそれを越えてこの女をいやしてほしいと言うのですか。この女をあわれまない理由ははっきりしています。これでは女の口はふさがれてしまいます。なるほど女は失われた羊であり、ほかの羊にまさってあわれみを必要としています。しかし、イスラエルの家の失われた羊ではない。それだから、女にはイエスからあわれみを受ける権利があるわけがありません。キリストは選びの民イスラエルに仕える僕として来られたのです。そのことをくり返すばかりです。キリストはすべての国びとの光として予定されていましたがその時はまだ来ていなかった。キリストが神からつかわされたつとめは神の民イスラエルの栄光のためでした。わたしたちはいま、どう考えるのでしょうか。キリストがつかわされた民の中にわたしたちがはいっているのかどうか。わたしたちがそういう疑問をもつとするなら、その時わたしたちは大きな試練の中にいるのです。しかし、感謝すべきことに、そのようなうたがいをはさむ余地はありません。イスラエルと異邦人の区別は取り去られる。わたしたちはキリストがすべての人のあがないのためにご自分のいのちを与えてくださったことを知り、かつ信じています。すべての人のためであるなら、わたしのためでないということがあるはずがありません。

しかし、「女はイエスに近寄り」、助けを求めてあきらめることがありません。「主よ、わたしをお助けください」――。それに対するイエスのつれない答え。子どもたちのパンを取って小犬に投げてやるのは、よくないことだ。この答えで女の希望はたちきられたかもしれません。しかし、女はイエスを拝む信仰の人でした。キリストのあわれみは子どもたちにパンを与えることでした。それらは「子たる身分を授けられること」（ローマ書九章四節）とされたその人たちのものでした。救いはユダヤ人から来るのです。異邦人はユダヤ人から「犬」と呼ばれていた。犬ではないかという仮定ではなく犬だと呼びました。イエスはそれを許しておられるように見えます。だからユダヤ人に与えられた特権に異邦人があずかることをイエスは許しておられないように見えます。しかし、ことの成行きは逆転し、異邦人がまず救われてユダヤ人はあとまわしになる。

「主よ、お助けください」としつこくくいさがる女に対してイエスは答えて「子供たちのパンを取って小犬に投げ与えるのはよくない」——。むなしく価値のない女。しかし、考えてみましょう。わたしたちもカナンの女だったのではないか。犬のような存在。そういうわたしたちが恵みを受けるにふさわしい者となる。それから試練ということ。キリストが喜んでくださるのは最後まで耐え忍ぶ人です。耐えることが出来ないような試練の中で、大きな信仰を用いて生きること。そしてまじりものを取り除き、純度を高めていくこと。最後まで耐え忍ぶ者は救われるのです。

女は祈りの人でした。拒絶されてもあきらめず、むしろ、自分を疑い、自分のほうが悪いのだと言っているような感じがします。最初の言葉——二二節——に高ぶりがあったのではないかと反省した。だから、女はイエスに近寄り、イエスを拝して「わたしをお助けください」と言いました。拝しては祈ってということでもあります。礼拝は祈りでもあります。答えは与えられなかった。それは、もっと祈る人になるようにと教えておられるように思われます。わたしを助けてくださいと祈ってもその祈りは聴かれない。そのとき、祈りのどこが足りなかったのか、たずねはじめる。祈りに対する答えがなくて落胆するとき、さらに祈る人とならなければならない。

女の短い祈りは、すべてを包む祈りです。「主よ、わたしをお助けください」──。これは、主よ、あなたが救い主なのにわたしを見捨てるのですか。そういう嘆きの祈りと見ることができます。嘆きが祈りとは。不思議な感じがしないわけでもありません。しかし、予想もしなかったイエスの言葉によって気力を失った女にとって嘆きは決して空しいことではありません。イエスは女をこらしめる。しかし、女は、あなたはわたしの主であると言いつづける。「主よ、わたしをお助けください」──。女は、わたしはイスラエルの家の者ではない。それはよくわかっている。けれどもあなたにはわたしを助けることができるし、そのこころもあると信じています。もしそうでないなら、イエスは女の嘆きの声を聞きいれようとはしなかったでしょう。

144

一五章二六―二八節

イエスは答えて言われた、「子供たちのパンを取って小犬に投げてやるのは、よろしくない」。すると女は言った、「主よ、お言葉どおりです。でも、小犬もその主人の食卓から落ちるパンくずは、いただきます」。そこでイエスは答えて言われた、「女よ、あなたの信仰は見あげたものである。あなたの願いどおりになるように」。その時に、娘はいやされた。

「子供たちのパンを取って小犬に投げてやるのは、よろしくない」――。「小犬」とはイスラエルの家の者ではない異邦人のことです。期待に反する答えに対してショックを受けてもそれに対して反論するのは女の信仰によってです。ユダヤ人を子供たちと呼び、異邦人を小犬と呼ぶ。女はイエスのこの答えにまちがいはないことを認めながらそれを否定しません。なぜなら、イエスの言葉を否定することによって何か得るものがあるかというと何もない。だから、イエスに反抗することはできないのでイエスの言葉――二六節――をぎりぎりのところまで利用して役立てようと決心します。「主よ、お言葉どおりです。でも、小犬もその主人の食卓から落ちるパンくずは、いただきます」――。主よ、そのとおりです。犬であることを否定しません。自分が最も小さい者であることに気がつくとき、神のあわれみという偉大なものにあずかる心備えができているのです。

キリストがユダヤ人のためにつかわされたということについてこの女は「お言葉どおり」と言います。しかし、その言葉について、「でも」と言って別の主張を言い立てます。しかし、それは良い主張となり、巧みな言いかたになっています――。「でも、小犬もその主人の食卓から落ちるパンくずは、いただきます」――。これは洞察力を持った人の言葉ではないでしょうか。女を気落ちさせるようなイエスの言葉。しかし、信じる人は落胆させるような言葉を聞いて元気づけられ、神に近づくことができます。主を畏れることを楽しみとする。主を畏れることは知恵の始めと箴言に記されていますが、この女の物事を見抜くすぐれた力は、そこから来ているのではないでしょうか。イエスは女の求めを拒否します。それにもかかわらず、女の前向きな信仰は自分に逆らうように見えるものを自分の立場に立たせようとします。あなたはあわれみの主です。それならどうして苦しむわたしをあわれんでくださらないのですか。しかし、信仰は気落ちしている人を元気づけ、わたしはあなたのためにつかわされたのではないと言われるイエスの言葉にすがりつくことによって、より神に近づくことができます。なぜなら、そのことがイエスとの正当な関係だからです。この女は主を畏れることを喜びとした信仰の人でした。

女はイエスの言われることに対していどみかかるような言葉で反論します。「主よ、お言葉どおりです。でも、小犬もその主人の食卓から落ちるパンくずは、いただきます」――。豊かな食卓は子供たちのために用意されています。しかし、犬には少しばかりの貧しいパンくずでも与えられるかどうか。たしかにそのとおりです。しかし、パンくずは食卓のもとでそれを待っている犬たちのものとなる。わたしにはあなたからよきものを期待できません。しかし、ユダヤ人の食べ残したパンくずはあわれな異邦人のところに落ちるかもしれません。ついでにおねがいします。食卓から落ちてはき集められ、捨てられるパンくずにすぎなくても同じパンですと女は言います。パンくずがあれば喜ぶ人があることを思い出さなければなりません。

イエスは「あなたの信仰は見あげたものである」と言われました。女の信仰がすぐれていると言われたのです。ほめられなければならないものは、ほかにもありました。忍耐すること、あきらめずに祈るということ、思いやりなど。これらはみな信仰によって生まれたものです。だから、イエスは「あなたの信仰」と言われたのです。立派な信仰とは、冷たく拒否されて気落ちしていても、イエスを救い主として信じる信仰のことです。女はしっかり信じる強い信仰の人でした。信仰は弱くても、その信仰が真実であるならイエスは拒否しないでしょう。しかし見あげた信仰はそれだけではなく、イエスからほめられるでしょう。イエスは女の信仰を喜ばれたのです。

「あなたの願いどおりになるように」と言われた時に、娘はいやされました。まつわりついて離れない女の希望は、キリストのこころにかなっているとき、聞きいれられるでしょう。わたしたちは、この女のように、悪魔とその支配に立ち向かって祈るとき、わたしたちに近くいてとりなしてくださるキリストに出会い、その祈りはきかれるでしょう。

信仰から出た女の言葉に対応してイエスは言われました――「あなたの信仰は見あげたものである。あなたの願いどおりになるように」――。母の信仰が娘の病いをいやす力となりました。娘はいま母のもとにいるわけではありません。しかし、キリストの言葉は遠くても娘をいやす力となりました。

145

一五章二九―三一節

イエスはそこを去って、ガリラヤの海べに行き、それから山に登ってそこにすわられた。すると大ぜいの群衆が、足、手、目や口などが不自由な人々、そのほか多くの人々を連れてきて、イエスの足もとに置いたので、彼らをおいやしになった。群衆は、口のきけなかった人が物を言い、手や足が不自由だった人がいやされ、盲人が見えるようになったのを見て驚き、そしてイスラエルの神をほめたたえた。

ツロとシドンとの地方でカナンの女の娘をいやされると、「そこを去って、ガリラヤの海べに」もどって来られます。湖畔の小高い山の上です。ひとりの人間としてのイエスの姿はすべての人が遠慮なく近づくことのできるほどみすぼらしく質素でした。「山に登ってそこにすわられた」――。旅に疲れてひとしなみに休息をとりたいというより、むしろ、集まって来る人びとに語りかけたいという思いが強かったのでしょう。

三〇節――。「大ぜいの群衆」が、病人たちをイエスのもとに連れて来て、イエスのもとに置くと、イエスは「彼らをいやされました」。彼らがイエスに何を語りかけたのか、よくわかりません。あるいはイエスが病人をあわれんでくださると信じてただ沈黙していたのかもしれません。

ここに連れて来られたのは「足」が不自由で歩けない人、「からだ」のきかない人、「目」の見えない人、「口」の利けない人、「そのほか多くの人たち」でした。なぜ、こんな病気になったのか、どうしたらなおるのか。想像をたくましくしてもわかるような病気ではありません。しかし、これらのものはキリストの言葉のもとにありました。詩篇の詩人は、主はみ言葉をつかわして、彼らをいやし、滅びから救い出されたと歌っています。病気はキリストの言うままにいやされます。これでわかるように、わたしたちが弱っているとき、わたしたちを慰めるのはキリストの言葉であり、キリストのあわれみです。

群衆は、病人がいやされたのを「見て驚き」ました。当然のことです。福音書ではしばしば、救うという語がいやすという意味で用いられていることに注目したい。だから、いやしはいつも信仰によってなされるのです。信仰によって目の見えない人が見えるようになり、祈りによって、生れながらに物が言えない人が話せるようになり、従うことによって歩けない人が歩けるようになる。だからイエスにおけるいやしは、彼がメシヤ・キリストであり、また神の国が到来したことのしるしです。

「群衆は、これを見て驚き、イスラエルの神をあがめた」――。パリサイ・律法学者はこのようなことを見た時、神を汚し、傷つける言葉を口にしました。奇跡はわたしたちにとっても信じることができず、不思議に思われることであり、ほめたたえられなければならないもの。あわれみは喜びとなることであり、感謝しなければならないものです。イエスがもしわたしたちの病いをいやしてくださるなら、わたしたちはからだとこころのすべてをささげて神をほめたたえなければなりません。わたしたちが「目が開かれて」はっきり見ることができているなら、まるで目が見えない人の目がキリストによって見えるようになったかのように神をほめたたえなければなりません。それだけではありません。まだいやされず、いやしの時を待っている人も神をあがめたのです。目が見えるようになった、口が利けるようになった。それは個人に与えられた恵みの体験です。その人は神を讃美します。しかし讃美は個人的になされるのではありません。神は群衆にあらゆる苦しみ、嘆きからの助け手として、お立ちになります。このように神はいまも生きて働いておられる。このようにキリストにおける神の現在化において、個人的な救いの体験は群衆全体のことがらとなります。

群衆は「イスラエルの神」である主をほめたたえました。ご自分の民として契約を結んだ神。救い主キリストをつかわしてくださった神。旧約の詩人は声をあげています――「イスラエルの神、主はほむべきかな。ただ主のみ、くすしきみわざをなされる（七二篇一八節）」。

146

一五章三二―三四節

イエスは弟子たちを呼び寄せて言われた、「この群衆がかわいそうである。もう三日間もわたしと一緒にいるのに、何も食べるものがない。しかし、彼らを空腹のままで帰らせたくはない。恐らく途中で弱り切ってしまうであろう」。弟子たちは言った、「荒野の中で、こんなに大ぜいの群衆にじゅうぶん食べさせるほどたくさんのパンを、どこで手に入れましょうか」。イエスは弟子たちに「パンはいくつあるか」と尋ねられると、「七つあります。また小さい魚が少しあります」と答えた。

一四章には五千人の群衆にパンを与えた奇跡がありました。ここでの群衆は四千人であり、それにもかかわらず食事の量は少し多くなっています。人数が少なくなったことはキリストの力を信じる人が減少したからではありません。そうではなく、彼はそのときの必要に応じてみわざをなさるのです。

まずイエスは、「この群衆がかわいそうである」と言われました。飢えている群衆に対するあわれみのこころを大きくしようとなさるのです。弟子たちに言われたということは、弟子たちにこの事態にどうしたらよいか一緒に考えようとか、手がかりを得たいというようなことではなかった。なぜなら彼らはキリストのなさることを知らない弟子たちだったからです。これからご自分のなさることを弟子たちに隠しておいてはいけないのではないか。

「この群衆がかわいそうである。三日間も一緒にいるのに食べ物がない。しかし、空腹のまま帰らせたくはない。途中で弱ってしまうにちがいない」から。群衆はキリストの言葉を聞くことに熱心でした。彼らは熱心さのあまり自分の仕事も捨てました。食べ物がすくないこの地方では空腹に耐えることができるにちがいありません。しかし空腹は健康をそこないますが、食べ物よりキリストの言葉を必要としたのです。イエスは群衆を「かわいそうに」と言われました。それは群衆にとってふさわしい言葉でした。イエスも三日間群衆と共にいて、教えたり、いやしたりしていました。断食もされた。しかし、イエスはあわれんでかれらを保護されました。群衆は苦しみ、忍耐しています。イエスはその限界を知っておられます。

この飢えている群衆に対するイエスのこころくばり。「彼らを空腹のままで帰らせたくはない」、と言われる。「おそらく途中で弱り切ってしまう」――動けなくなる――だろうから。もし、ある程度気分が高まったとしてもからだがそれに歩調を合せて行動しないなら、それは困ったことです。それは不幸な状態と言わなければならないでしょう。衰弱したからだは何か良いことをしたいというこころにとって、いら立ちをひきおこしますが、天国に生きる者にとってはそうではありません。からだは天国に生きる者はもっと霊的な人として生きる。イザヤはキリストについて預言し、彼らは飢えることがなく、かわくこともない、と言っています。

キリストの力は群衆を満腹させます。しかし、弟子たちは信用しないで「この荒野の中で、こんなに大ぜいの群衆にじゅうぶん食べさせるほどたくさんのパンを、どこで手に入れましょうか」と言います。これはたしかに質問です。しかし、それよりも食べ物は手にはいりませんという断定にも聞こえます。しかも、そういう弟子たちの言いかたは適切さを欠いています。弟子たちはキリストの力を信じていたはず。ほんの少し前に彼らは五千人を養った奇跡を見ています。それを見た彼らはその出来事の証人として、キリストを宣べ伝えなければならなかったのに「こんなに大ぜいの群衆にじゅうぶん食べさせるほどたくさんのパンを、どこで手に入れましょうか」と質問します。これでは彼らの信仰が弱かったとしか言いようがないでしょう。これまでイエスと共に行動しているかぎり途方に暮れるということはあり得なかった。しかし、彼らは忘れてしまった。忘れることに意味がないとは言えません。しかし、この場合、忘れてしまったということは、現在の状況に対して疑いのこころをいだくということではないでしょうか。

イエスが「パンはいくつあるか」と問いかけると「パン七つと小さい魚が少し」と答えが返ってきました。こんなわずかなパンで群衆を養うことができるのだろうか。そういう疑いです。自分の食べ物としても充分ではない少しばかりのパン。イエスはそれを徴集し群衆に与えます。弟子たちから疑いを取り除いて信仰を高めようとされたとも言えます。明日のパンのことで思いわずらうな。明日のことは明日自身が思いわずらうと山上の説教で言われたのを思いだす必要があるでしょう。弟子たちは彼らが持っているわずかなものから解放されて自由にならなければならない。与えようとしない貧しいこころから脱け出して他人に与えるこころを持たなければなりません。

町に買いだしに行かなくても、弟子たちの手もとにはパンと魚があります。魚はパンと釣合いがとれません。なぜならパンはいのちを支えるために必要なもの、いのちの象徴で具体的に人を生かすものです。イエスは日ごとのパンのために祈ることを教えています。人はパンだけで生きるのでなく、主の口から出るすべてのことばによって生きると言われたのはその反証とはなりません。魚は弟子たちが網をおろして取ったものでしょう。彼らはガリラヤ湖の漁師ですから。注意しなければならないことは自分の手の勤労の実を食べるということ。種まき、水やり、そして収穫。それは楽しいことです。神はわたしたちの労働を祝福してくださり、その実を祝福してくださいます。しかし、ただ、その喜びに捕われているだけではない。なぜなら、その祝福を人びとに分ち与えなければならないからです。

147

一五章三五―三九節

そこでイエスは群衆に、地にすわるようにと命じ、七つのパンと魚とを取り、感謝してこれをさき、弟子たちにわたされ、弟子たちはこれを群衆にわけた。一同の者は食べて満腹した。そして残ったパンくずを集めると、七つのかごにいっぱいになった。食べた者は、女と子供とを除いて四千人であった。そこでイエスは群衆を解散させ、舟に乗ってマガダンの地方へ行かれた。

「そこでイエスは立ちつくしている群衆に、地面にすわるようにとお命じになりました」――。彼らは立ったままの姿勢で食べ物を受け取るのではなく、すわらなければならなかった。少しばかりの食べ物を四千人にくばることなどできはしない。そういうたがいのこころがなかったとは言えないとしても、命令にこたえてすわりました。わたしたちも霊の賜物をいただけると思ったら、みもとにすわり、まだ知らない方法をとってそれが与えられるのを待ち望まなければなりません。

食べ物の分配に先立ってまず感謝の祈りがささげられます。一四章一九節では「祝福して」となっていますがそれは同じことです。神に感謝することは、神からの祝福を待ち望むふさわしい方法です。わたしたちが求め、与えられるようになるとき、わたしたちは与えられた恵みに感謝してこれを受け取らなければなりません。「これをさき」というのは裂かなければパンが増えることはないからです。七つのパンをわけて弟子たちに渡し、群衆に配りました。弟子たちはイエスを信用していません。七つのパンでは無理ですと言う。当然のことかもしれません。しかし、そういう弟子たちであるにもかかわらずイエスは彼らをお用いになります。イエスは一人の人間として怒ることもあります。不信仰なお前たちでは駄目だからと言ってご自分の手でパンを配ってもよい。しかし、そうはなさらないで、パンを弟子たちにわたし、彼らの手でパンを配るようにさせています。

「一同の者は食べて満腹しました」——。わたしたちも金銭や持ち物などをさしだして人を助けることがあります。それは人びとのこころを満足させるとしてもしばらくの間にすぎません。イザヤは「なぜ、あなたがたは、かてにもならないもののために金を貸し、飽きることもできぬもののために労するのか」と言います（五五章二節）。しかし、イエスは人びとにくり返し食べ物を与え、わたしこそ「命のパン」であると言われました。キリストの愛とわたしたちの愛。その間にはたがいに異なったものがあります。イエスは「ナザレからなんのよいものが出ようか」と言われた寒村の出身です。しかし、そう呼ばれてもご自分が「ベツレヘム」の出であることをほのめかしておられます。ベツレヘムには「パンの家」という意味があります。かれ自身、人を生かすパンそのものなのです。

群衆が満腹したことを示すために「残ったパンくずを集めると、七つのかごにいっぱいになった」と記されています。これはキリストにあってパンがあり余っているということを示していす。キリストの恵みは人の思いを超えて豊かであり、求める者にかならず与えられます。

食べた群衆は「四千人」にも及んでいました。四千人の食事代はどのくらいか、数をしらべて計算するために人数を記したわけではありません。ここでは食事代は免除されています。彼らは無料で食べることができました。そして満腹しました。また、四千人の中の良い人悪い人を区別しないで太陽をのぼらせ、雨を降らしてくださるからです。神の愛は摂理において現れていす。神の摂理がこの四千人への給食によってあきらかに語られています。無料で満腹したということは彼らがキリストの証人であり、このことがすべての人にわけへだてなく与える摂理に似ているからです。食べた者は、女と子供を除いて四千人であった。四千人のほかにほぼ同数の女と子供がいたのではないかと思われます。だから、神の家族とも言えるこの四千人という人数にはとりわけ大きな意味があるわけではありません。神はキリストにおいて家族とも言えるこの四千人を管理しておられます。彼らの目はキリストを待ち望んでいます。わたしたちは造り主である神によっていのちが与えられているように神によっていのちを維持されています。空腹である人の目は思いやりのある家の管理人がパンをお与えになるのを期待しています。

「そこでイエスは群衆を解散させ、舟に乗ってマガダンの地方に行かれました」――。マガダンというのはガリラヤ湖と地中海の中間の地方のことと思われます。群衆はそれぞれ、自分の家へと帰って行きます。しかし、彼らの日常性の中で、日ごとのパンが奇跡的に与えられると考えてはいけません。彼らは自分の仕事に忠実でなければならない。そして彼ら自身の労働の実である食卓に帰らなければなりません。そしてイエスは群衆と別れて別の地方へ行かれました。なぜなら彼は「世の光」として、決まった場所だけではなく、あらゆる場所に向かって行かれるかただからです。

148

一六章一―四節

パリサイ人とサドカイ人とが近寄ってきて、イエスを試み、天からのしるしを見せてもらいたいと言った。イエスは彼らに言われた、「あなたがたは夕方になると、『空がまっかだから、晴だ』と言い、また明け方には『空が曇ってまっかだから、きょうは荒れだ』と言う。あなたがたは空の模様を見分けることを知りながら、時のしるしを見分けることができないのか。邪悪で不義な時代は、しるしを求める。しかし、ヨナのしるしのほかには、なんのしるしも与えられないであろう」。そして、イエスは彼らをあとに残して立ち去られた。

パリサイ人とサドカイ人には、思想や信仰の点でくいちがいがありました。死人の復活を信じるパリサイに対してサドカイはそれを信じません。しかし、イエスに反対するという点では一致しています。彼らはいっしょになってイエスに近づき、イエスを試み、答えを要求します。どんな答えを引き出そうとしたのでしょうか。

彼らはすでに多くの「しるし」を見ていました。直前には群衆をわずかのパンで養った奇跡を見ていたにちがいありません。それらはみなしるしと呼ぶことのできるものです。しかし、彼らが求めたのは別のしるしでした。ヨハネ福音書は奇跡を「しるし」という言葉で現しています。ニコデモは「神がご一緒でないなら、あなたがなさっているようなしるしはだれにもできはしません」と言っています。高慢なパリサイ人、サドカイ人は病人のいやしなどとは別の、自分たちの関心を引くようなしるしを見せてもらいたかったのです。神の力が現れるということは神がなさることで愚かな人間がこころの中で思いめぐらす浅はかな思慮で決めることができるものではありません。「天からのしるし」を見せてもらいたい。これが彼らの欲望でした。見るとは目で見るということです。それがあればよい。それこそ「天からのしるし」であると彼らは認めたにちがいありません。しかし、目に見えるという感覚に訴えるしるしなどは神の摂理にふさわしいものではありません。パウロは「言葉であるキリストはあなたの近くにある」と言っています。手にすることができないような遠いところにではなく、あなたの口にあり、こころにある。主は近いのです。それなら、近くにあるしるしを否定し、天からのしるしを求めるパリサイ人たちがまちがっているのです。

二つの宗派の目的は「イエスを試みる」ところにありました。試みとは人をおとしいれる悪い策略という意味です。あなたがほんとうに神の子なら「天からのしるし」を見せてもらいたいというねばり強い欲求。奇跡を求める執拗さ。ユダヤ人は目に見えるしるしを求める。しかし、見る信仰から見えないものを求める信仰。復活のキリストは疑う弟子トマスに「あなたはわたしを見たので信じたのか、見ないで信じる者はさいわいである」と言われました。出エジプトの歴史の中にイスラエルの民が神を試みたという出来事の記録があります。それと同じように彼らもイエスを試みました。しかし、荒野で群衆に食事を与えているから、彼らとしては「天からのしるし」を見せてもらいたいと言って試みることのほか何もできなかったのです。

この求めに対してイエスはお答えになります。天国はすでに彼らのもとに来ているのにそのしるしを求めている。主はここにいてくださるのに、彼らはそれを知らなかった。彼らの空模様を見て天気を判断する巧みさをほめています。「夕焼けだから晴れると言い、朝焼けだから、きょうは荒れる」と言う。気象情報がなくても空模様を見れば天気の移り変わりを判断することができる。そのすばらしさ。

パリサイ、サドカイは魂の問題について、たとえてみれば酒に酔って判断ができなくなっているような愚かさを示すだけでした。イエスは「あなたがたは空の模様を知ることができるのに、どうして時のしるしを見分けることができないのか」と言われます。奇跡を行うイエスを見ただけで「天国は近づいた」こと、それが神のさばきの日であることが明らかであるにもかかわらず、あなたがたはそれを見分けることができない。

「時のしるしを見分けることができない」ということはあなたがたの滅びの時が来ていること

を予想できないのかということです。平和をもたらす福音を受け入れないなら、破滅がくだるのを避けることができない。そのことが分らないのか、という意味です。

イエスはほかのしるしを与えようとはしないで彼らを「邪悪で不義な時代の子」と呼びます。パリサイ、サドカイは自分たちこそまことの信仰者と告白しながら、実際はキリストを裏切っているからです。イエスは彼らの要求に対して満足させる答えをしません。聞き入れてもらえないのは、自分の楽しみのために用いようとする悪い求め方をするからです。かれらに「預言者ヨナのしるし」をくり返します。人間に与えられるしるしはただ一つ、キリストの復活です。復活はほかのすべてのものを超えて、すべてのものを完成する最後の奇跡でした。復活はキリストの人格と結びついていることによって正しく理解することができます。同時に復活は一人の人間イエスのものではなく、神からつかわされたメシヤ・キリストであることのしるしであり、天国の到来と結びついたものと言うことができます。これは神による異国人へキリストがつかわされることとの最高で最後のあかしなのです。こころを低くしてキリストの言葉に聞き従う貧しい人びとの信仰は守られ、思い上がる人びとの信仰は支持されず、彼らが何を求めようと、もう話す必要はないと口をふさがれてしまうのです。彼らとの短い対話を終えると「イエスは彼らをあとに残して去って行かれました」。当然のことですが彼らのまちがった信仰に回復の見こみはありません。

一六章五―一二節

弟子たちは向こう岸に行ったが、パンを持って来るのを忘れていた。そこでイエスは言われた、「パリサイ人とサドカイ人とのパン種を、よくよく警戒せよ」。弟子たちは、これは自分たちがパンを持ってこなかったためであろうと言って、互に論じ合った。イエスはそれと知って言われた、「信仰の薄い者たちよ、なぜパンがないからだと互に論じ合っているのか。弟子たちは、これは自分たちがパンを持ってこなかったためであろうと言って、互に論じ合った。イエスはそれと知って言われた、「信仰の薄い者たちよ、なぜパンがないからだと互に論じ合っているのか。まだわからないのか。覚えていないのか。五つのパンを五千人に分けたとき、幾かご拾ったか。また、七つのパンを四千人に分けたとき、幾かご拾ったか。わたしが言ったのは、パンについてではないことを、どうして悟らないのか。ただ、パリサイ人とサドカイ人とのパン種を警戒しなさい」。そのとき彼らは、イエスが警戒せよと言われたのは、パン種のことではなく、パリサイ人とサドカイ人との教のことであると悟った。

向こう岸にいる家族のために「弟子たちはパンを持って行くのを忘れました」――。荷物になるのがいやだったからではなく忘れたのです。家族のパンのことを忘れたのか。忘れていたと書いてありますから、荷物を持って帰るのは辛かったからではなく、忘れたのです。決していいことではありません。しかし、同情的に見るなら、弟子たちのこころは、イエスとパリサイ人たちとの会話の記憶で満たされていてパンのことなど気がつかなかったのだと思っていたと見ることもできなくはありません。

そこでイエスは「パリサイ人とサドカイ人のパン種を警戒せよ」と言われました。弟子たちはいましがたまで彼らと話し合っていました。だからイエスは弟子たちがこの人たちと深くかかわることを心配したのです。パリサイ人は偽善者と呼ばれています。偽善者は俳優を指すことばから来ています。そこから仮装というか、いつわりの行為を偽善と呼ぶようになりました。たとえば六章一―一八節に、目立ちたがりやで人から賞賛されるパリサイ人が攻撃のまとになっています。彼らは自分の義を人に見せるために、会堂や町の中で祈っていました。自分を信仰深い人に見せかける。だからイエスは「パリサイ人のパン種をよく警戒せよ」、と言われたのです。イエスは死後の生についてあまり語っていませんがパリサイ人と同じ意見でした。だからイエスは、パリサイ人の偽善に注意しなさいと言われたのです。パリサイは信仰深さをよそおうことにたくみな人たちでした。パリサイに対してサドカイは自由に真理を探求する人のような装いを見せている人たちでした。彼らは復活を信じなかった。

こういうパリサイ人やサドカイ人に対して弟子たちには戦う備えがなく、すきだらけでした。

だからイエスはくり返し、彼らに注意しなさいと言われます。彼らの主張は「パン種」にたとえられています。パン種は酸味をつけ、ふくらませる働きをします。彼らはその行く先々で、「パン種」のような働きをするのです。弟子たちはイエスの警戒の言葉を本来の意味とはちがって理解しました。イエスのきびしい警告は、「自分たちがパンの用意を忘れたからである」と考えたのです。パンがないという、どんなに手を尽くしてもパンを得ることができない、行き詰った現実。イエスならその苦境をきりぬけることができるのに、弟子たちはそのことを信じることができません。そのこともイエスはたしなめて「信仰の薄い者たちよ」と言われます。パンがないからと言って、わたしが十分パンを用意していることを忘れるとは何ともなさけない。しかし、これは叱責というわけではない。それよりも彼らがこれからのち、より注意深くパンを忘れないようにならなければならないと言われたのです。あなたがたがパンを忘れた。しかし、それはゆるされていい。イエスが弟子たちのあやまちを指摘して反省をうながしたのは彼らの信仰の薄さです。イエスとしてはパンがない弟子たちがパンをくださいと求めて自分のところに来ることを望んでいました。わたしがパンを与える主である、そのことを信じなさいと言っているのです。「信仰の薄い者よ」、は叱責ではなく、わたしのところに来なさいというはげましであると言うことができます。キリストのもとに行けばよい。弟子たちは飢えている人びとにそういうだけで、自分は何もしないでいいというわけではない。かれらが貧しい人びとをキリストのみ手にゆだねればよい。しかし、自分たちの現在の立場をよく見て、貧しい人びとがますます貧しくなることがないように手を尽くさなければならない。イエスはそう言われるのです。

　パンがないと言って論じ合っている弟子たちに対して、イエスはふさわしい処置をとろうとなさいます。それにもかかわらず、彼らはイエスを信じようとしない。イエスは、「まだわからないのか、覚えていないのか」と問いかけます。荒野で群衆にパンを与えて満腹させたのを忘れたのか。パンは彼らが信仰を失わないための食物でした。パンを持ってくることを忘れたときでさえ、よりどころとしなければならない信仰のことを忘れてもらいたくはなかった。それを忘れた弟子たちは空しい思いわずらいとうたがいにとらわれることになったのです。イエスが「パリサイ人とサドカイ人のパン種に気をつけなさい」と言われたことによってまちがっていたことに気がつきました。「まだわからないのか」と言われる。イエスが彼らの信仰の不十分さを指摘したのは、彼らにもう一度、信仰とは何かということを正しくとらえなおそうという気持ちを起こさせる配慮ということができます。たしかにイエスはそのことをはっきりと言われたわけではありません。はっきりとではなくても「パン種を警戒しなさい」とくり返しておられます。わずらわしく聞こえるくり返しによって弟子たちは、イエスが言われたこの意味をつかまなければなりませんでした。パリサイ人の悪い教えがパン種のようにひろがっていくということに気がついたのです。

150

一六章一三―一四節

イエスがピリポ・カイザリヤの地方に行かれたとき、弟子たちに尋ねて言われた、「人々は人の子をだれと言っているか」。彼らは言った、「ある人々はバプテスマのヨハネだと言っています。しかし、ほかの人たちは、エリヤだと言い、また、エレミヤあるいは預言者のひとりだ、と言っている者もあります」。

「ピリポ・カイザリヤの地方」というのはヘルモン山の麓にある地方のことです。カナンの最北の地でイエスは弟子たちと話し合っています。弟子たちだけとは言えなかったかもしれませんが、その数は少なく、弟子たちだけと話すように落ち着いていたのかもしれません。

ここでイエスは弟子たちに尋ねて「人々は人の子をだれと言っているか」と問いかけました。軽い気持ちの質問ではありません。イエスはご自分を「人の子」と呼ばれました。それはほかの人と異なることのない「人の子」の意味です。まったく偽りない人間と言われたのです。パウロは「キリストは神のかたちであられたが、神と等しくあることを固守せず、かえっておのれをむなしくして人のかたちをとられた」と記しています。これが「人の子」に当たるのでしょう。ダニエルは「夜の幻の中に人の子のような者が来るのを見た」と言っていますが、イエスはその「人の子」をご自分と特定されたのかもしれません。そうするとイエスは約束された人の子、つまり、メシヤ・キリストなのだと、言われたのだということがわかります。

「人の子」は使徒行伝の一箇所を除いてすべてイエスの口から語られています。しかも、そのほとんどが、マタイの後半の受難の時代に語られたものということに注目しなければなりません。

イエスはご自分のことを「人の子」と呼ばれます。それはまず自分をまことの人間であるということです。イエスはマリヤから生まれた者であることにまちがいはない。女から生まれた者。しかし、ご自分では人の子と呼びました。ご自分を空しい者とし、人の子と呼ばれることを良しとされたのです。八章二〇節にイエスが「きつねには穴があり、空の鳥には巣がある。しかし、人の子にはまくらする所がない」と言われたと書いてあります。貧しい人に向かって、わたしこそあなたがたの仲間であると言われたのでしょう。宿屋では空き室がなく馬小屋で生まれたイエスは、はじめから最も貧しい人以上の苦しみを味わいました。わたしは貧しさを知っていると言われた。イエスはそういう人で、貧しい人のまことの友として生涯を歩んだ人と言うことができます。

　イエスは「人々はわたしのことをだれと言っているか」と弟子たちに問いかけます。これは「人々はわたしのことをメシヤ・キリストであると信じ告白しているだろうか」と言われたものと思われます。「人々」というのはパリサイ人のことではなく貧しい人々のことです。パリサイはイエスという人は悪霊のかしらベルゼブルと一緒になって働いている困った人だなどと無責任に言い広めていました。「人々は」とイエスが言われるとき、それはパリサイ人・律法学者たちを指しているのではなく、パリサイ人が軽蔑する無学な貧しい人びとのことです。イエスは彼らのことを何も知らないでこう質問したのではありません。むしろよくわかっているのに、あの人たちは人の子であるわたしのことをだれと言っているのかとたずねたのです。貧しい人びとはイエスと語る以上に弟子たちと語り合っていました。だから、弟子たちの口を通して、人びとが何を考えているのか知ることができるわけです。イエスは自分がだれであるのか、はっきり言わないで、人びとがイエスのわざを見て、わたしがだれであるか自由に判断するままにしていました。また、弟子たちが師であるイエスの教えをどう聞き取っているか、また彼らの行うわざを見て、人々はわたしのことをどう見ているのか。人々はわたしを神となられた人間イエスと見ているのかどうか、そのことを知りたかったのです。「人々は人の子をだれと言っているか」――。その問いに対して弟子たちは、人びとはまだあなたのことをメシヤ・キリストと言っているわけではないと答えています。いずれにしてもイエスが人の子という言葉を好んで用いたことによって人間の将来に明るさが見えて来ます。なぜなら苦しむ人の子が十字架につけられて死ぬとき、すべての人を、わたしのところに引き寄せるであろうと言われているからです。

「人々は人の子をだれと言っているか」――。この問いに弟子たちは答えています。「ある人々はバプテスマのヨハネだと言っています」。洗礼者ヨハネの弟子たちはそう考えていたのでしょう。一四章二節にはヘロデも、同じように、「あれはバプテスマのヨハネだと言った」と記されています。ヨハネを師と仰ぐ人びとも同じように考えていたのでしょう。ヨハネはイエスに従う者として死にました。自分を犠牲にして死んだのです。イエスを信じて死んだヨハネはふたたび人びとの前に姿を現すという考えかたがあったようです。そういう考えかたがヨハネの弟子たちのこころの中にあったのかもしれません。あのヨハネがいてくれたらという期待。死んでしまったからしかたがない。しかし、もう一度来てくれたら。そういう思いが強くあってイエスをヨハネと重ね合せて見ていたのでしょう。

「ほかの人はエリヤだと言っています」――。マラキ書四章五節に「わたしは預言者エリヤをあなたがたにつかわす」と預言されています。旧約をしめくくるこの章がもっている大きな意味をイエスは、くり返し語られました。一七章に「山上の変貌」という特異な出来事が記されていますが、そのあとでイエスが弟子たちと会話をしておられます。これを福音書の中で最も古いマルコ福音書九章一二節ではイエスが「確かに、エリヤが先にきて、万事を元どおりに改める。しかし、人の子について、彼が多くの苦しみを受け、かつ恥ずかしめられると書いてあるのはなぜか。しかしあなたがたに言っておく、エリヤはすでにきたのだ。そして彼について書いてあるように、人々は自分かってに彼をあしらった」、こう書いてあります。エリヤはすでにきたとイエスは言われます。エリヤは多くの奇跡を行い、天に帰った人です。「人々は人の子のことをだれと言っているか」。その問いに「ある人たちはエリヤだと言っている」と弟子たちは伝えました。人びとはイエスのことを、あのエリヤの再来だと言っているのです。

また、「エレミヤあるいは預言者のひとりだ、と言っている者もあります」――。エレミヤ書一章四節以下に「主の言葉がわたしに臨んで言う、わたしはあなたをまだ母の胎につくらない先にあなたを知り、あなたがまだ生まれないさきにあなたを聖別し、あなたを立てて万国の預言者とした」と記されています。主はエレミヤを知っておられた。知るということは選ぶということです。人びとは選ばれたイエスを預言者に重ね合わせて見たのかもしれません。預言者とは神に選ばれ、神の名によって語る人のことです。このことから彼らが預言者を尊敬しその名に名誉を帰していたということがわかります。人びとはエレミヤの名をあがめ、イエスという人はあのエレミヤの生まれ変わりであると言ったのです。

「また、イエスのことを預言者のひとりだと言っている者もあります」――。その人たちにはエレミヤだけではなく、ほかにも尊敬をおしまない預言者たちがいたということを現しています。

おそらく律法学者・パリサイ人のことと思われます。しかし、二三章二九節によりますと彼らは「預言者の墓を建て、その碑を飾り立てた人」の子孫なのです。群衆は「この人はガリラヤのナザレから出た預言者イエスである」と言ったと二一章一一節に書かれています。彼らは自分の国ユダヤの貧しい村ナザレから出たイエスを、奇跡を行ってあかしするような、「メシヤ・キリストである」とは言わないで、ただ、「預言者のひとり」にしておきたかったのです。人びとはそれぞれイエスをバプテスマのヨハネ、エレミヤなどとして、意見の一致がありませんでした。そういう場合に、人びとの間に争いがおこります。イエスは地上に平和をもたらすために来られました。真理はただひとつ。キリストとその福音が真理の内容を形造っています。しかし、真理を離れる人びとはおたがいに異なった思想を持ち、別の行動に走り出します。

一六章一五―一六節

そこでイエスは彼らに言われた、「それでは、あなたがたはわたしをだれと言うか」。シモン・ペテロが答えて言った、「あなたこそ、生ける神の子キリストです」。

「そこでイエスは彼らに言われた、『それでは、あなたがたはわたしをだれと言うか』」――。こう問いかけます。人びとはバプテスマのヨハネとかエリヤとか言っている。あなたがたも同じことを言いそうな感じがする。そういう答えがすべてまちがっているとは言えない。しかし、もう少し気の利いたことが言えないのか。言えるはずである。こういう含みがあります。なぜなら弟子たちは、群衆やパリサイ人と比べるとはるかに豊かなキリストについての知識を持っていたからです。直接、わたしが呼び出したあなたがた。そしてわたしのまわりにつきまとって神の恵みを体験し、わたしについての知識をたしかにしてきたはずである。それなら群衆や律法学者にまさった答えができるはずである。そう言われたのです。弟子たちは天国の福音を伝えるために選ばれ召し出された人。それなら、わたしをだれと言うか。

それに対してペテロは答えています。「あなたこそ生ける神の子キリストです」――。人びとは人の子をだれと言っているかという質問に対して弟子たちは彼らの耳で聞いたことを報告しています。しかし、ペテロは答えて言いました。「あなたこそ生ける神の子キリストです」――。これは弟子たち全体の意志を代表する言葉でした。ペテロの答えに反対する弟子はひとりもありませんでした。ペテロはまず最初に口を開きました。ペテロは、あやまちを犯したり、ふさわしくない発言をする人でもありました。しかし、ここでのペテロの発言は大胆であるだけでなく、まちがいがありません。まず最初に口を開く。そういう大胆な人でした。そういう人はほかにもいます。しかし、たとえばヨハネも全体を代表して語ったことがあります。トマスにもそういうことがあったふしがあります。だから、ペテロをほかの弟子たちよりすぐれた人とするわけにはいきません。ペテロはわたしのほかに正しい答えができる人はいない。わたしこそ、と自分を推薦したのではありません。ほかの弟子たちがペテロに期待をかけて、わたしたちに代わって答えてもらいたい。そう思ってペテロを推薦したのでしょう。しかし、ペテロは生涯をかけて、弟子たちを治める権力の人ではありません。イエスを中心としたこの集まりをとりしきる役目を果したただけのことです。

「あなたこそ生ける神の子キリストです」――。みじかい一言でありながら意味深く、イエスがどういうおかたかということを言いあてています。イエスをキリストと信じる信仰を告白したものであり、自分のからだをささげて彼に従う決断を言い表した言葉です。偶像にはいのちがありませんが、イエスを生ける神の子として信じる。そのことを口で言い表しているのです。人びとはイエスを預言者の再来と考えました。パンの奇跡を見た群衆は「まことに、この人は来るべき預言者であると言った」とヨハネ福音書六章一四節に記されています。しかし、弟子たちはイエスを約束されたメシヤと呼びました。バプテスマのヨハネは「おいでになるかたはあなたなのですか」と言いましたが弟子たちはそう信じた。ユダヤ人がメシヤと考えるのとは大きくちがった姿で来られたイエスを弟子たちは神の子と信じた。これは偉大なこととしか言えません。

イエスはご自分を「人の子」と呼ばれました。しかし、弟子たちは「生ける神の子」と信じ告白しました。神はみずから「いのち」ですが、そのいのちをひとり子イエスに与えて、「世のいのち」とされました。神の愛は与える愛です。ペテロは「あなたこそ生ける神です」と言いました。わたしたちも与える人です。飢えている人にパンを与える。しかし、わたしはいのちのパンであると言うことはできません。神の愛と人の愛。それには大きなちがいがあります。もしイエスが「生ける神の子」であるなら、かれは神ご自身です。それが人びとの目には見えなかった。パンを分ち与えるイエスを見て、メシヤとして信じることはできなかった。「バプテスマのヨハネだ」と言い、「エリヤ、エレミヤだ」と言っています。イエスが神の子であることをさえぎる雲があって、イエスを正しく見ることが出来ませんでした。しかし、イエスを神の子と見る人びとがいました。その人びとはイエスの中に神の栄光を見たのです。わたしたちは信頼をかたむけて、「あなたこそ、生ける神の子です」というペテロの告白と同じ意見であると言わなければなりません。

152

一六章一七節

するとイエスは彼にむかって言われた、「バルヨナ・シモン、あなたはさいわいである。あなたにこの事をあらわしたのは、血肉ではなく、天にいますわたしの父である。

ペテロは「あなたこそ神の子キリストです」と告白する信仰を与えられたさいわいな人でした。「バルヨナ・シモン、あなたはさいわいである」とイエスは言われる。「バルヨナ」とはヨナの子とか鳩の子とかいう意味だそうです。なぜ、わざわざそんな呼びかけをしたのでしょうか。ただ「シモン」ではいけないのか。それは彼にその貧しい生まれと血すじとを思いださせるためでした。そう呼びかけられることによって、名もないわたしが今こうしてあるのはわたし自身ではなく神の自由な恵みであるということに気がついたのだと思われます。これを思いだすことと今立っているこの恵みは神から来たものである。「バルヨナ・シモン」と呼びかけられたシモンは、今立っている、この恵みは天の父から来たものであるということに気づいたさいわいな人でした。

「あなたにこの事をあらわしたのは、天の父である」と言われます。あなたが個人的にわたしのことを神の子キリストと言ったのは、あなたがすぐれた人、知恵のゆたかな人、物ごとを深く考える人だからではない。また、ほかの人から教えられたからでもない。「天にいますわたしの父」が、力をもってあなたを信仰告白者としてくださったからである。「天の父」はひとり子なる神イエスをとおしてご自分をあきらかに示してくださる。それは聖霊の働きによるのですが、福音書では聖霊のはたらきについてあまり多くのことが記されているわけではありません。いずれにしても、わたしたちは人となられたイエス・キリストによって神を信じる。イエスはご自分のことを「人の子」と呼ばれ、そのことを喜ばれました。そのことを考えてみますと人間の将来はすぐれたものになることはたしかで失望に終らない希望が見えてきます。イエスは人の子です。たしかに神のひとり子です。受洗のとき「これはわたしの愛する子、わたしのこころにかなう者」という天からの声があったと記されています。ペテロはそんな声を聞いたわけではありません。しかし、イエスはひとり子なる神であり、同時にひとりのまことの人間なのです。このイエスによってわたしたちはあなたがたは神の子であると語りかけられている存在なのです。

もう一つのことも忘れてはなりません。ペテロの信仰は神が造りだされたということです。信仰は神からの賜物です。天の父がキリストによって、また、ペテロはキリストが神との間に立つ仲保者のつとめを果してくださったことによって信仰を告白する者となったのです。だからイエスはペテロに「あなたはさいわいな人。あなたにこの事をあらわしたのは、血肉ではなく、天にいますわたしの父である」と言われたのです。パウロは「神は唯一であり、神と人との間の仲保者もただひとりであって、それは人なるキリスト・イエスである」と記しています。(テモテへの第一の手紙二章五節)。だから、あなたペテロはさいわいな人。人は神の子となることを目的に造られた。しかし、わたしは神の子であるという気持ちになることはむずかしい。神の子であるということをあきらかに示したのはただひとりイエスだけです。イエスをバプテスマのヨハネだと言い、エリヤだと言った人たちは、イエスをメシヤと告白する気持ちになることができなかった。ただ、ペテロだけが「あなたは生ける神の子キリストです」と告白することができました。イエスは神のかたちを完全に整えた人の子です。一一章二七節に「すべての事は父からわたしに任せられています。そして、子を知る者は父のほかにはなく、父を知る者は、子と、父をあらわそうとして子が選んだ者のほかに、だれもありません」というイエスの言葉があります。神とイエスとはこういう状態でした。すなわち、神の子でした。ペテロはそう告白できるさいわいな人でした。

153

一六章一八節

そこで、わたしもあなたに言う。あなたはペテロである。そして、わたしはこの岩の上にわたしの教会を建てよう。黄泉の力もそれに打ち勝つことはない。

使徒・宣教者としてのペテロにキリストは答えています。ペテロは弟子たちを代表してイエスをキリストと告白しました。だから「わたしの教会を建てよう」という約束はペテロに向けられたのです。教会の原型は世の初めから存在しています。そのことをイエスは意識しておられましたが、それをペテロ――すなわち、約束の子孫の上に建てようとされました。「建てよう」という未来の言葉で言われたのです。あなたはキリストであるという偉大な告白の上に教会は建てられます。彼は王または神としての立場からあなたに言う。彼は教会をおさめるかしら、あらゆる力の基です。この権威に従う者は神からの権威を授かり、人びとを救う企てにあずかり協力することが出来ます。「わたしはこの岩の上にわたしの教会を建てる」――。その言葉はほかの弟子たちに先立ってペテロに与えられたのです。イエスはご自分の教会を建てることを目的としました。その目的からはずれないで教会形成がなされるなら、ペテロにかぎらず、いつの時代にもあてはまる内容なのです。

「この岩の上にわたしの教会を建てよう」とイエスは言われる。教会とは世から呼び出され、キリストに結びつけられた人の子たちの集まりです。それはあなたの教会ではなく、わたしキリストの教会なのです。世界は神のもの、そこに住む人も神のものです。しかし、教会は世から召し出されて生き残った者の群れであり、仲保者キリストによって神とのかかわりに立つ人びとの群れなのです。

わたしのものとしての「教会」を建てるとイエスは言われる。「建てよう」というのは、もう建築の作業は終わったというのではなく、現在も建てつつあるという意味です。

その建物は「岩」を基礎としていると言われる。あなたはペテロである。そして「この岩の上に」と言われる。教会は岩の上に立つ。岩はくずれないものの象徴です。教会を建てるのはキリストです。しかし、イエスはこの岩の上にわたしの教会を建てると言われました。ペテロという、ある時にはうたがい、ある時にはキリストを否定する犬のような人間ペテロ。このペテロの上にわたしはわたしの教会を建てると言われました。これはイエスの事後預言ということができるでしょう。イエスは軽はずみであったり、岩とは裏腹に水の上を流されるような人であったりするこの人が、ついにわたしのために死んでわたしの証人となる人と見ておられる。教会はペテロの信仰の上に立つのです。

「黄泉の力もそれに打ち勝つことはない」――。教会をほろぼそうとして戦いをいどむ力、それが黄泉です。それは小さな力ではありません。強大な悪魔の力のことです。蛇やさそりのような力。いつわりのたくみなことばで説得したり、残虐な行動を重ねながら、イエスを神の子と信じる信仰から別の方向へと向きを変えさせる。これが、黄泉の働きです。黄泉の力もそれに打ち勝つことはない。新約聖書の教会の歴史は神の力がキリストにおいて働き、信徒たちによって発揮されたことの記録にほかなりません。ヨハネの第一の手紙五章五節には「世に勝つ者はだれか。イエスを神の子と信じる者ではないか」と言われています。「あなたこそ、生ける神の子キリストです」というペテロの信仰告白。その告白の上に立つ教会に対して「黄泉の力もそれに打ち勝つことはありません」。

154

一六章一九―二〇節

わたしは、あなたに天国のかぎを授けよう。そして、あなたが地上でつなぐことは、天でもつながれ、あなたが地上で解くことは天でも解かれるであろう」。そのとき、イエスは、自分がキリストであることをだれにも言ってはいけないと、弟子たちを戒められた。

「わたしは、あなたに天国のかぎを授けよう」とイエスは言われます。ペテロに「かぎ」が与えられるのです。かぎには開閉する力があります。これはペテロひとりに与えられた特別な力などというわけではありません。ペテロのみが天国の門番ではありません。彼ははいって来る人の顔を見てかぎをあけ、出て行く人の顔を見て、かぎを閉める人ではありません。ペテロだけではなく、キリストによって召し出された弟子たち、また、その後継者たちはこのかぎが与えられて教会を指導し、治めることがゆだねられています。ペテロはイエスからかぎを授けられた最初の人でした。キリストはご自分の教会を見えるからだとして形造る場合、弟子たちにそれぞれ務めを分担して、秩序を守らせようとなさいます。あなたに授けようという未来のこととして言われる。かぎが与えられるのはキリストの復活後のことだから、あげることになるでしょうと言われるのです。その時、かぎの力はたしかに与えられます。ペテロひとりだけではなく、すべての残された者に与えられるのです。

「かぎを授ける」――。かぎの力が与えられるということは、その人がその場所の開閉を自由にすることが出来るということです。これは特定の人にかぎをあずけることによって、その人にその場所を自由にするということ。あるいは主人が管理人にかぎをあずけるということ。管理人には責任が問われています。弟子たちはその管理人にあたります。

「つなぐ」「解く」ということは、かぎの譬で言うなら、かぎをかける、かぎを開く力のことです。その力は弟子たちが開けるか閉めるか、その判断をすべての面にわたって認めるということです。家の宝がつながれるということは閉ざされるということであり、解かれるということは開けられるということです。その力はキリストに代わって働き、それを正しいと判断する弟子たちにゆだねられたということです。正しいまわしかたをすることによって扉は開かれます。弟子たちはかぎのまわしかたをまちがってはいけない。弟子たちの言葉はまちがった人間的な言葉ではなく、福音の言葉でなければならない。

「天国のかぎ」とは、キリストを世につかわしてくださった神の意思を知る知識の意味です。

その知識を世に伝える。それを目標として、弟子たちは「つなぎ」「解く」力をゆだねられています。当時の言いかたからすると「してはいけないこと」と「してもいいこと」ということになります。旧約の律法にふさわしくないことを教えたりすることが「つなぐ」ことであり、律法にふさわしいことを説くことが「解く」ということです。弟子たちにはこの解く力とつなぐ力が与えられていました。福音を語る力と語らない力。モーセの律法によって禁止されていることは弟子たちも語らない。しかし、モーセの教えているところでもキリストの新しい福音によって語ることが許されている場合もありました。また、その逆の場合もありました。モーセは妻を出すことを許したということがありますが、そのことは弟子たちには禁じられていました。天国のかぎを解くこととつなぐこと。弟子たちはキリストから与えられたこの権限を受けとめなければならなかった。ペテロほどではないとしても弟子たちにはふつうの力があります。福音を宣べ伝えることです。キリストは弟子たちにつなぐ力と解く力を与えました。つなぐ、解くということは悔い改める人びとにゆるしと平安とを与え、悔い改めない人には怒りを伝えるということでもあります。

二〇節――。なぜイエスはご自分が「キリストであるとだれにも言ってはいけないと、いましめられた」のでしょうか。ご自分がキリストであることを弟子たちによってではなく、彼ご自身で証ししたかったからということかもしれません。いましめたということは、なるべく言わないようにというひかえめないいかたではなく命じられたという強い表現と思われます。言うことができるのはいつのことか。それは復活のときまでということでしょう。イエスがキリストであると定められたのは罪に対して死に、そこから復活したことによってです。その時までは沈黙しているように。知恵のことばでイエスがキリストであると言うことはしないように。そう命じられたものと思われます。

イエスがキリストであるという偉大なことがらを説くことを、今はひかえておくように、と強い調子で言われたのです。ペンテコステの日に聖霊に満たされたペテロは「あなたがたが十字架につけたこのイエスを、神は、主またはキリストとしてお立てになったのである」と語りかけました。聖霊に満たされたペテロがそう言ったのです。すべてのことには時があります。今は語る時ではない、とイエスは言われるのです。

155

一六章二一節

この時から、イエス・キリストは、自分が必ずエルサレムに行き、長老、祭司長、律法学者たちから多くの苦しみを受け、殺され、そして三日目によみがえるべきことを、弟子たちに示しはじめられた。

弟子たちがイエスを神の子キリストですと告白した時から、イエス・キリストは受難について示しはじめられました。

「この時」とは、弟子たちがイエスを神の子と告白した時のことです。これまでイエスはこのことを弟子たちにお話しになりませんでした。それは彼らのこころを暗くするような受難ということがらに話しが進むと弟子たちはそれに耐えることができないと考えてさしひかえていたからです。しかし、時が来たのです。彼らの知識はゆたかになり、信仰も成長してきたので、このことを示しはじめました。きびしく、暗い受難ということを聞いても彼らはそれに耐えることができると判断したのでしょう。

受難についてイエスは弟子たちに詳しくその状況をお話しになります。「エルサレム」は国の政治の中心であり、聖なる都です。わたしはそこで「苦しみを受け、死ななければならない」。なぜなら多くの犠牲はそこでささげられたので、最大の犠牲としてエルサレムで死ななければならない。ガリラヤではなく、エルサレムでなければならない。彼を苦しめるのは長老、祭司長、律法学者たちです。彼らは律法を学び、キリストが来てくださることを待ち望む人びとであったはずです。それにもかかわらず、キリストを苦しめる行為に出る。なんともわかりにくいことではあります。イエスを苦しめ、十字架につけたのはローマの権力でした。しかしこのことを、引き起こすもとになったのは長老、祭司長たちでした。彼らがイエスを苦しめる最初の計画を立てた人たちだったのですから、うたがう余地はありませんでした。

「多くの苦しみを受ける」と言われます。イエスは敵たちの終ることがない憎しみと、それに対するイエスご自身のくじけない忍耐とがぶつかり合いながら時が過ぎてゆく。彼は「多くの苦しみ」を味わわなくてはならなくなる。「多くの苦しみ」は死に至る苦しみです。それ以外のことは考えられなかった。「多くの苦しみ」が死に至る苦しみでなければ、なんとか耐えることもできるでしょう。

「必ず」ということは必然ということです。人生には偶然と共に必然があります。かならずそうなるという必然。朝が来ればかならず日が昇る。これも必然。病人は痛みに耐えることができます。いやされる希望がありますから。また死といってもイエスの場合のように「多くの苦しみ」がなければ、恐しさは半減するでしょう。しかし、イエスはかならず「多くの苦しみを受け」、そのあとで死ななければならなかったのです。

つづけて受難のあとにつづく「さいわい」についてお話しになります。それは「三日目の復活」についてです。預言者たちは、受難につづく栄光を預言しました。イースターの日の夕暮れに、イエスは「愚かでこころのにぶいため、預言者たちが説いたすべての事を信じられない者たちよ、キリストはかならず、これらの苦難を受けて、その栄光にはいるはずではなかったか」と二人の弟子たちをいましめています。三日目に復活するということは、その苦しみがどれほど大きいものだったにちがいありませんが、イエスが神の子であることを証しするものと言うことができます。だからイエスは「多くの苦しみを受け」と言われて弟子たちの信仰がなくならないようにされたのです。苦難を経た栄光を語ることによってイエスは弟子たちの信仰が崩れないように配慮されたのです。詩篇に「苦しむ者は喜ぶ」という言葉がありますが、その喜びがあるからこそ、恥をもいとわないで苦難に耐え十字架を忍んだのです。わたしたちもキリストにあってキリストの十字架がわたしたちのための苦しみであったことを思いつつ、苦難の道をたどらなければなりません。

こころにとめたいもうひとつのこと。キリストがわたしはかならず苦しむと言われたのは神とキリストとの間に了解がついていたということがあります。それを示そうとされたということ。父と子とのあいだで父のされた忠告です。父がこころから子のことを思って語りかけ、イエスが人間に対して何をすべきかを教える。イエスが人間のために苦しみを受けるということは驚きでもなく、天の父の計画にうまくはまってしまったのでもなかった。彼は自分の身にふりかかることをはっきりととらえ、あいまいさがなかった。それは彼がまことの愛の人であったということを物語るものと見ることができるでしょう。

なぜイエスが受難の予告をしたのかというと、弟子たちの誤った考えを訂正する必要を感じたからです。彼らはイエスを神の子キリストと信じていましたが、この世を支配する人としか考えていなかったと言うことができます。だからイエスはそうではないと教えたわけです。イエスは「神の国は近づいた」と語りかけました。わたしの国はこの世のものではないと言われたということがこの受難の予告からわかってきた。弟子としてわたしに従う生きかたをはじめたあなたがたはこの世で人びとの目につく大きなことを生きかたとするのではなく、キリストにこの世を支配する王を期待してはならない、といましめられたのです。

156

一六章二二節

すると、ペテロはイエスをわきへ引き寄せて、いさめはじめ、「主よ、とんでもないことです。そんなことがあるはずはございません」と言った。

受難と復活の予告を聞いたペテロはどういう感情をいだいたのか。ここには、これまで見ることのなかった新しい性格を見ることができます。イエスに対する反発です。これまでのペテロらしくない。「イエスをわきへ引き寄せて」、「主よ、とんでもないことです。そんなことがあるはずはありません」と言った。大胆な忠告ということができるでしょう。気持ちをおさえることはむずかしかったのでしょう。ペテロはイエスにたてつくような人ではなく、従順に従う人でした。そんな彼らしくないすがたがここに見えてきます。イエスはゲッセマネで「わが父よ、もしできることでしたら、どうかこの杯をわたしから過ぎ去らせてください」と祈られました。杯というのは受難のことです。このイエスの祈りはペテロ自身の願いでもありました。ペテロはイエスがわたしはかならず受難すると言ったとき、『そんなことがあるはずはございません』と言いました」――。そんなことはあり得ませんというような自信に満ちた言いかたで答えるつもりはなかった。測り知ることができない神の不思議なわざ――受難と復活。それはペテロの意に反していたにちがいない。しかし、そのとき、ペテロは沈黙して神の意思に従わなければならなかったのです。ペテロは反抗して、主よ、そんなことがあるはずはありません、と言いました。楯つくようなそんないいかたをしてはならないのです。

「主よ、とんでもないことです。そんなことがあるはずはございません」――。「そんなことはない」とペテロは判断しています。三日目の復活についても同じです。受難というきびしい戦い。できるなら、そんなことなしに平和にすごしたい。ペテロはイエスからご自分の受難について聞き、それが、今という現実に不安をもたらす悪の根源であるとみなしています。しかし、キリストの受難とは何か。それによって行動することが求められるよりどころがあります。主よ、そんなことがあるはずはありませんと言いました。それはペテロの判断です。しかし、ペテロのようにではなく、別の言いかたがあります。使徒パウロはペテロのようにではなく、落ちついた言葉で「わたしは思う。今のこの時の苦しみは、やがてわたしたちに現されようとする栄光に比べると、言うに足りない」と述べています。ペテロには落ちつきがありません。「そんなことがあるはずはございません――あなたが苦しみを受け、殺されるなど、とんでもないことです。とても、わたしには考えることができません」。イエスの言葉に不快感が口をついてでた表現です。「主よ、とんでもないことです」と言いました。こころの中にとどめておかないで、口で言い表したのです。それはあなたにあわれみがあるように、という意味と読むこともできます。受難などあなたにあるはずはありません。受難をおそれるペテロは、まったく自分と同じようにイエスも受難をおそれる人であってもらいたかった。わたしと同じ人間イエス。そのとおりです。しかし、罪人を最後まで愛しとおされるキリストの愛と、人間の愛とを一つのはかりではかると誤りを犯すことになります。また苦しみを耐え忍ぶキリストの忍耐と、人間の長続きしない忍耐とを比べて見るとそれも誤りを犯すことになります。ペテロにはキリストの受難など、起こることはまずないだろうという安心感がありました。あなたのようなかたが、人びとを恐れる長老、祭司長たちの手によって殺されるなど、とても考えられません。受難がほんとうに起こるなら、弟子であるわたしたちが、代わって戦いましょう。その戦いに味方して、力を合せて戦う人は少なくないはずです。人間らしい、温かみのあるペテロの言葉ではありませんか。

157

一六章二三節

イエスは振り向いて、ペテロに言われた、「サタンよ、引きさがれ。わたしの邪魔をする者だ。あなたは神のことを思わないで、人のことを思っている」。

「主よ、とんでもないことです」――ペテロが言い返す言葉によっていらいらするイエスの姿がここにあります。こういうイエスの姿はあまり見ることができません。

イエスはペテロの言葉を聞いて、しばらくのあいだ、熟考し、答えたわけではありません。「サタン――悪魔――よ、引きさがれ」――。誘惑に打ち勝つために、しばらくの時をおいて、適切な答えを用意したのではありません。そうではなく即答したのです。どれほど悪い言葉かと考える余地はなかった。イエスはシモンに対してあなたは「さいわいな人」と言いました。それがここでは一転して「サタンよ、引きさがれ」となります。サタンは巧みにペテロを用いてキリストを誘惑します。サタンはペテロをイエスから引き離そうとして立ち働き、ペテロはサタンの言葉をここで語っているのです。

「サタンよ、引きさがれ」というイエスの言葉は、あなたはもうわたしの弟子ではないという、突き放すようなひびきがあります。しかし、そう言われたのではありません。ペテロは軽率な人間であり、三度にわたって、わたしはその人のことは知らないと言ってイエスを否認するような人間でした。しかし、イエスはペテロの最後をご存じで、かれがついにわたしの栄光をあらわすということを知っておられました。イエスがかれの将来を見抜いて、この人は岩であると言われたのです。たしかにペテロはローマで十字架につけられて殉教した人と伝説はつたえています。だから、引きさがれとは、あなたはもうわたしの弟子ではない、という、突き放すような言葉ではありません。むしろ、わたしのうしろにいなさい、という命令です。ペテロはイエスのうしろにいて守られるのです。詩人のダビデは「あなたは後から前からわたしを囲み、わたしの上にみ手をおかれる」と歌っています。あなたはわたしの邪魔をする。これはわたしの前に立ちふさがって邪魔をするという意味です。イエスは人間の魂を思いやり、人間の救いのために、かならずエルサレムに行って殺されると言われた。その計画に邪魔がはいり、後退させるようなペテロの言葉。それはサタンの誘惑そのものだ、とイエスは考えた。神の必然であるキリストの死。それをさまたげる働きをするペテロは、悪魔によってそそのかされているのです。

親切そうに見えるペテロのすすめを聞いたイエスは、ペテロを「サタン」と呼びました。サタンは救いのわざに立ち向う強力な敵です。裏切り者ユダにはいったサタンはイエスのわざを空しいものとし、その働きをさしとめようとします。そのときのサタンには悪意がありますが、ペテロの場合、それに比べてみると、イエスの受難の志をくじこうとしてペテロに語りかけているのです。悪意でなく善意。あなたが苦難を受けて死ぬことはない。そういう善意の言葉を、サタンはペテロの口に入れたのです。サタンはたくみなことばを用いてイエスの意図する救いのわざをくじこうとします。悪意をもって働くサタンがあたかも天使のごとくよそおってペテロに働きかけ、ペテロはそれにこたえて、主よ、とんでもないことです。そんなことがあるはずはありません、と言うわけです。

「あなたは神のことを思わないで、人のことを思っている」――。「神のこと」というのは、罪人を救わないではおれない神の意思、弟子たちに示しはじめられた受難と復活のことです。イザヤはそれを神の熱心ということばで現していますが。その反対のことが「人のこと」です。それは人の目には美しくて楽しい生きかた、地上の富、自分のついている高い立場などのことです。わたしたちがキリスト者としてのつとめを果しながら道を歩み、神の恵みを人生の目的とするとき、わたしたちは神のことを思うことになります。キリストは地上に現れた神の意思です。イエス・キリストにおいて現された神の意思を思うなら危険は去り、重荷も軽減されます。ここでイエスはペテロにあなたは神のことを思うのか、それとも人のことを思うのかと問いかけていま

す。キリストの受難を度外れに恐れ、そんなことがあるはずはありませんと言って拒否する人は
自分の身が危険にさらされるとき、「神のこと」を思わないで「人のこと」を思うようになりま
す。

158

一六章二四節

それからイエスは弟子たちに言われた、「だれでもわたしについてきたいと思うなら、自分を捨て、自分の十字架を負うて、わたしに従ってきなさい。」

ペテロに対してイエスは「わたしの弟子とはだれのことか」と言われます。これは、ご自分の苦難と死についてあからさまに語られた直後のことでした。キリストの弟子とはどういう人のことか。キリストに従う人のことです。わたしについて来なさいと呼びかけられた漁師たちはすぐに立ちあがって彼に従いました。弟子とはキリストに従うことを当然のこととし、終りの日の栄光に至るまで従っていく人のことです。ペテロは身のほど知らず、「主よ、そんなことはありません」と言いました。ペテロのように口をはさむのではなく、沈黙してキリストに従う人。それは羊飼いのあとを追う羊のようなもの、と思えばよい、とある説教者が解説していました。沈黙して終りの日をめざして歩んだ道を歩き、ついに栄光にはいる人のこと。

こころにとめたいもう一つのことがあります。「だれでもわたしについてきたいと思うなら」ということです。「ついて来たいと思うなら」ということは落ち着いて考えたすえ、決断するということです。しかし、弟子として歩む決断には喜びがともないます。キリストには彼に「喜んで奉仕する」人びとが弟子として与えられるでしょう。イエスは言われます。「わたしについてきたいと思うなら」――弟子になりたいと思うなら――たとえ、どんなに苦しくても、わたしについてこなければならない、と言われるのです。

忘れてはならないこと。それは「自分を捨てる」ということです。ペテロはイエスに「自分を大切にしてください」と言いました。ペテロは同じように自分が苦しむとき、からだを大切にしなければならないと思っていたのでしょう。しかし、イエスはそれに反して、あなたがたは自分を否定してわたしについて来なければならない、と言われたのです。なぜなら、キリストの誕生、その生と死は「自分を捨てる」行為であったからです。キリストは自分を捨てるという行為をわたしたち以前に、わたしたちに代わって学びとり実践されました。わたしたちはキリストにまさる者ではありませんが、彼に従う者として自分を捨てなければならない、とイエスは言われるのです。それがキリストに従う決断をくだす弟子たちになくてはならない法則なのです。「自分を捨てる」ということはなかなかむずかしい。しかし、出来ないことではありません。開かれない狭い門ではなく、通ることができない細い道でもありません。わたしたちは自分のことばかりではなく、人のことも考えなければならない。自己目的であってはならない。他者のことも考慮に入れて「自分を捨て」なければならない。キリストがご自分を空しくして仕えてくださったこの世のために、そしてわたしたちの兄弟たちのためにいのちを捨てなければならない。そしてわたしたち自身のために。

「自分の十字架を負うて」――。この場合の十字架は弟子であるか否かを問わず、あらゆる人びとが受ける苦難と解釈する場合が多いようです。ふりかかってくるすべての災難。キリストを信じる者が受けるわざわいは「十字架」と呼ばれます。それは神の意思に従順なキリストが十字架の死についたところに源があります。そのことは、わたしたちに災難と争うことをやめることを勧め、わたしたちの中に入ってくる恐れを取り除いてくれます。十字架は人間に対する完全な愛です。「完全な愛は恐れをしめだす」とヨハネは第一の手紙の中で書いています。災いはすでにキリストが担ってくださっているのです。弟子たちには十字架があり、彼ら自身の負う労苦を感じています。だれしも自分に与えられた十字架を担わなければなりません。弟子たちの十字架をわたしたちの十字架と考えることが必要です。苦しんでいる人を見て、わたしの十字架のほうが負いやすいと考えたりしますが、いま負っている十字架から学ぶことがすくなくありません。

「神の知恵と知識の富は測りがたい」とパウロはローマ書で書き記しています。それはあたかも讃美歌でうたっているような調子です。人間の目で見ると愚かに見えるキリストの十字架は神のかしこさです。クレネのシモンがキリストの十字架を負ってあとに従ったと二七章三二節に書いてあります。彼は自分からすすんでキリストの十字架を負ったのではなく、無理やりに負わされたのです。しかし、強制的ではあっても彼はそのことによってキリストとの交わりにはいることができました。シモンは自発的に十字架を負ったのではありません。十字架はわたしたちの歩む道に横たわり、それを負うわたしたちを待っているのです。神が造ってくださる十字架につけばよいのです。わたしたちは急ぐ人間です。しかし、思慮を欠き、道筋を考えないで十字架を自分のところに引き寄せようとするようなことはよくない。前方に横たわっている十字架を負わなければならないということ。それが苦難に対する聖書的な理解です。そのように対処することによってわたしたちは神への奉仕者となり、苦難に出合ってそれがつまずきとならないようにすることができます。キリストの十字架の死は一方ではつまずきの石にほかなりませんでした。しかし、他方では人間のためにくだされた神の恵みであり、罪のために死んだ人間のただ一つのよりどころでした。わたしたちは十字架のもとに立つだけではなく、それを負ってキリストに従わなければなりません。

159

一六章二五節

自分の命を救おうと思う者はそれを失い、わたしのために自分の命を失う者は、それを見いだすであろう。

自分を捨て、耐え忍んでキリストに従うということはたやすくできることではありません。だから、キリストに教えていただかなければなりません。イエスの答え。「自分の命を救おうと思う者はそれを失い、わたしのために自分の命を失う者は、それを見いだすであろう」――。これが答えです。ここに、いのちと死が対照的に置かれています。この二つのものの中から一つを選び出すかということ。その選択によってあらわれてくるもの。いのちを救おうと思ってキリストを否む者はいのちを失う。それに対して自分のいのちを失う者はキリストを得、キリストの中にいのちを見いだす。キリストの中に自分自身の生きかたを見いだすのです。

イエスは「自分の十字架を負うて、わたしに従ってきなさい」と言われた。言われたという以上、その言葉の正しさを根拠づけるものがあるはずです。一つは「自分の命を救おうと思う者はそれを失い、わたしのために命を失う者は、それを見いだすであろう」と言われるところにあります。だからキリストは弟子たちに十字架を負うようにと勧告されました。命とは生きているということです。自然科学からするといのちとはむずかしい問題になります。見たり、聞いたりする。それは生きている証拠です。人間には動物とはちがう霊的な生きかたがあります。愛したり憎んだり、喜んだり悲しんだり。ここでイエスは「自分の命を救おうと思う者」と言われます。この場合、魂の救いのことを言っておられるのです。魂の問題を考えないで自分の命のことにのみとらわれ、自分の命のみを救うことにのみとらわれる。それがすなわち命を失うということなのです。創世記には最初に造られた人に神が園の中央にある樹の実を食べればかならず死ぬと語りかけたと記されています。しかし、女と男は見た目に美しいその実を食べてしまった。それにもかかわらず、彼らは死なないで長寿を保ちました。かならず死ぬと言われたとき、二人はすでに彼らを生かす上からの神の言葉からずり落ちてしまいました。生きていても死んでいるのです。イエスが十字架を負うてと言われるとき、その言葉を聞かないで、自分を中心とし、苦労を避け、獲得しようとばかりするとき、その人の魂はすでに死んでいるのだと言われます。

ペテロをはじめとする弟子たちはこの世で受ける危険の中で「わたしのために自分の命を失う者は、それを見いだすであろう」というイエスの言葉を守りながら、きびしい道を歩きつづけます。もし、わたしたちが、自分の命を救うことにこころを用い、自己中心に流れるなら、生きているように見えても、実際は死んでいるとイエスは言われるのです。だからよいわざにはげむことができない。神を愛し、人を愛することができない。そんなことに関心はない。なるほど精神的に生きている。ひとつひとつ具体的にあげることはしませんが、卑しいことは何もしない。ほかの人に比べればずっと真面目である。しかし、一見したところではわかりにくい欲望があるかもしれません。これにひかれるとき、自分の十字架を負うことができなくなる。まがいものが本物にとって代るということわざもあります。品のいいような欲望があります。名誉欲とか、いろいろあります。それにとらわれて本物のもの――自分の十字架を負う――ということができなくなる。

「わたしのために自分の命を失う者」――。自分の命を失うということは捨てられたということではありません。終りの日に命を失う者はいない、ということです。いのちを別にすれば、キリストのために失った生活をこの世でなんとか、補うことができます。マルコ福音書一〇章三〇節。「わたしのために家、兄弟、――もしくは畑を捨てた者はかならずその百倍を受ける」、とイエスは言われる。捨てることを誇りとしてもしかたがありません。その百倍を与えてくださると言われます。ただ、「自分の命を失う」。失われた命を補って完全なものとすることはできません。しかし、それは来るべき世界で永遠のいのちというかたちでつぐなわれる。いつの時代でも、永遠の命を待ち望む信仰が苦しむ人びとを支えてきたのです。わたし――キリスト――のために自分の命をささげて来た人は、終りの日にキリストに会うことができるとたしかに信じる信仰があるなら、この世の中でのさまざまな恐れやつまずきの中で死に打ち勝つことができます。パウロが「このしばらくの軽い患難は働いて、永遠の重い栄光を、あふれるばかりにわたしたちに得させるからである」と言っています。こういうことが言えるのは、来るべき世界の約束があるからではないでしょうか。

160

一六章二六節

たとい人が全世界をもうけても、自分の命を損したら、なんの得になろうか。また、人はどんな代価を払って、その命を買いもどすことができようか。

「たとい人が全世界をもうけても、自分の命を損したら、なんの得になろうか」――。命は二五節の命と同じ語が用いられています。創世記二章七節には人間の命が神から来ていると書かれています。人はなにを手に入れようと、いのちを失えばなんの得にもならない。これは基本的な法則です。お金より大事なものがある。そんな言葉をときおり耳にすることがあります。しかし、ここでイエスはより高いところを指し示して「死後そのいのちを失えば全世界を得たとしてもなんの得になるのか」と語りかけています。神からのたまものである霊的な命が大きく成長して活動する、それがほんとうの生きかたであると言われるのです。わたしの命はわたしのものと言ってもわたしの命を支配するのはわたし自身ではありません。わたしの命はわたしのものと言ってもそれを支配し所有する権利にかかわるのではありません。すべての命はわたしのものと神は言われるのです。わたしたちは、浅はかで全世界にまさるものがあってもそれが見えない。見えないものがあるのにそんなものはないというまちがった考えかたがあることはしかたがない。創世記を引用しましたが、そこには、「主なる神は、土のちりで人を造り、命の息をその鼻に吹き入れられた。そこで人は生きた者となった」と人間が創造されたいきさつが記されています。生きた者とは活動する者のことです。動くものは人間だけではありません。しかし、人間にとって生きるということは神の真実によって生きるということであり、霊的な生きかたをするということです。それは神が分ち与えてくださるもの、信じたり、愛したり、希望をいだいたりする。そういう生きかたをしないで、「全世界をもうけ、自分の命を損したら、なんの得になろうか」とイエスは言われるのです。聖書は人間のかしこさや所有によって自分をごまかしてはならないといましめています。自分の命を損したらと、やむを得ずではなく、自分で失ったのです。命を損するという、すなわち自分自身で失ったのです。自分の命を損するということの破滅的なことをしてしまうのは自分であり、神の真実を無にするのも自分です。

人のいのちには全世界を超えた価値があります。わたしたちの命は現代のありあまる富、人からほめられること、気分転換、世俗的な楽しみなど。それを自由にすることができてもそれ以上の価値があります。ここで「全世界」と「自分の命」について、そのどちらが重いかとイエスは言われます。この二つをはかりにかけて重さをはかるなら、全世界のほうが重いにきまっています。それがこの問題をめぐるイエスの判断でした。イエスはどちらが重いかということをはかることができるすぐれたさばき人でした。いのちの価値をいいかげんにではなく正しくはかることができるのも、人の命を買いもどすだけの力を持っていたからです。全世界とは「この世の価値」ということです。イエスにはこの世を空しく、価値のないものとして見積もるようなことはありませんでした。なぜなら神はそのひとり子を賜うほどにこの世を愛してくださるおかただからです。

「命を損する」――失う――ということは、大きすぎる損失なので全世界をもうけても、その損失を買いもどすことはできません。いのちを失う者は、それがたとえ世界を獲得するための交渉であるとしても損失でしかないかけひきです。イエスは損と得と言われる。どうしたら得になるか、計算しても、商人が最初に、ねらっていたような利益を得るどころか、すべてがゼロになり、取り返しがつかなくなる。

また、「人はどんな代価を払って、その命を買いもどすことができようか」と言われる。もし、命が失われたなら、それは永遠に失われてしまうということ。そのことを考えなくてはなりません。失われてしまって取り返しのつかなくなった赤字をおぎない埋めることはできません。「買いもどす」とは「あがなう」ということです。「あがなう」とは「買いもどす」ということです。

これはもともと、身代金を払って奴隷を買いもどすというような意味で使われる言葉にあてはまりますが、その内容を宗教的な表現に変えて、罪からのあがない――解放――という意味に用いているわけです。キリストはわたしたちの命を買いもどすために大きな犠牲をはらってくださったのです。わたしたちをあがない出す偉大なキリストのわざがあっても、全世界をもうけることにこころをかけて離れることがないなら、いのちがけのキリストの十字架は意味がなくなってしまいます。命を買いもどす――あがなう――犠牲も意味がなくなってしまいます。代価を払ってあがなう犠牲も、命を買いもどす代金も残らなくなってしまいます。わたしたちを買い取ってくださるキリストの十字架の死という出来事があるのですから、時のある間に、わたしたちは見なければならないものを見、かしこく思い切った手を打って、正しく行動する人間にならなければなりません。

161

一六章二七―二八節

人の子は父の栄光のうちに、御使たちを従えて来るが、その時には、実際のおこないに応じて、それぞれに報いるであろう。よく聞いておくがよい、人の子が御国の力をもって来るのを見るまでは、死を味わわない者が、ここに立っている者の中にいる」。

「人の子キリストが父の栄光のうちに再び来てくださり、そのおこないに応じてそれぞれ報いて」くださるという信仰。わたしたちはその信仰によって力づけられます。

イエスはここでも、ご自分のことを貧しく低い「人の子」と呼ばれます。かれが苦難を受け、軽蔑される低い状態にあるとき、多くの人びとはかれの苦しみの一部分を自分の苦しみとして共に負い合うというような気持ちになることはできなかったでしょう。しかし、「人の子」キリストが父の栄光のうちに来てくださることを望み見るなら、かれのために苦しみを喜んで負うようになるでしょう。かれはご自分を貧しく低い人の子のようであられた。ベツレヘムでの誕生から十字架へと進まれる道。しかし、ここでは人の子という最低とも言える低い名をご自分に課して、その名を恥としなかった。再臨のときは父の栄光を身にまとっていると言われる。その時には少数の弟子たちをともなうだけだったが、その時には栄光のうちに、御使たちをたずさえて来るであろうと言われます。

キリストの再臨はわたしたちの人生とつながり合っていることがらです。その時には、実際のおこないに応じて、それぞれに報いるであろう。応報の思想はなかなかむずかしい。いくつかのことを考えることができます。キリストは人をさばく主として来られたのです。一〇章一八節に「人びとは法廷に引き出され、地上の権力者たちによってさばかれるであろう」と記されています。しかし、キリストのさばきはこの世の王が行ったさばきをはるかに超えています。衆議所──法廷──における恐れはキリストのさばきの座の到来を望み見ることによって消えてなくなるでしょう。そのとき、「実際のおこないに応じて、それぞれ報いられるであろう」と言われます。ペテロは、「主よ、とんでもないことです、そんなことがあるはずはありません」と言いました。イエスを神の子キリストと告白したにもかかわらず、それを守らなかった人はほろびに終るでしょう。人はそれぞれに報いられるのです。再臨の日のために備えなければならない最もすぐれた道は「自分を捨て、自分の十字架を負うて、わたしに従ってきなさい」というキリストの言葉を守って生きることです。そうすればさばき主キリストはわたしたちのよき友となり、最終的によいきまりがついてすっきりするでしょう。

「人の子が御国の力をもって来るのを見るまでは、死を味わわない者が、ここに立っている」――。ルカ福音書二章に老人シメオンが、「主のつかわす救主に会うまでは死ぬことはない」と言ったということが書かれています。御国が近づいたというイエスの説教を聞いた人、また召し出された弟子たちの中には御国が来たことを見た人びとがいました。シメオンもその一人です。シメオンだけではなく、「人の子が御国の力をもって来るまでは、死を味わわない者がいる」とここに明言されています。終りの日にキリストは父の栄光を身につけて到来します。今はその備えの時なのです。一七章には、彼の栄光の標本と言ってもよい、不思議な出来事が記されています。山上の変貌です。その時、彼らの目の前でイエスの姿が変り、その顔は輝き、その衣は光のように白くなった、とあります。おそらく、山上で魂を注ぎ出して祈っておられたのでしょう。この出来事は教会の建設を予告しています。人の子が御国の栄光の力をもって来るとイエスは言われる。シメオンは「わたしは今、主の救いを見た」と言いました。彼はキリストによって建てられる御国を見たのです。これはシメオンだけではありません。キリストに従う弟子たちもやがて来るであろう御国を、単なる希望的観測ではなく、実際に目で見たのです。

「サタンよ、引きさがれ」ときびしく叱責されたペテロ。彼はキリストはペテロにもうお前はいらないと言われたのでなく、キリストの背後にあって守られる人となりました。弟子たちは神の国、教会の建設のために労苦する者となりました。その労苦は軽いものではありません。終ってみたら、これまでの労苦は軽いものだったというのでもありません。彼らは御国建設のために産みの苦しみをする勇気をキリストからいただきました。キリストの国はサタンに犯されることもない安定した国です。それだけでなく成長し、前進する国です。弟子たちが苦しんだにもかかわらずではなく、苦しむことによって御国が成長しているということを彼らは確信できました。これは大きなはげましになったにちがいありません。わたしたちも弟子たちと同じ立場に立って、父の栄光の中に入れられます。わたしたちが父の栄光の中に来られるキリストを望み見る、そういう未来を望み見る。それがあるなら、苦難の中にあってもそれを避けようとはせず、むしろ十字架を負って生きていくことができるのです。彼らを迫害する敵に対するあとしまつは、神のなさることでしょう。その日は遠い未来ではありません。苦難を経て栄光にはいることができるという信仰がわたしたちを強くし、わたしたちを守るのです。栄光の日の到来を見るまでは、「死を味わわない者が、ここに立っている」と言われます。すべての人ではありません。御国にはいることができる人と、入れないで取り残される人もいるのです。キリストは近くに立っておられるのです。だから、わたしたちは忍耐する人でなければなりません。

あとがき

この巻の「あとがき」にはならないかもしれないが、最近、気になっていることひとつふたつ。

それは、主日礼拝の説教、あるいは書かれた説教の純度が気にかかる、という声を耳にするということ。まじりけなく福音が説かれているかどうか。そういう声を聞くと反省させられるのはわたしだけではないだろう。たとえばキリストの教えの中心のように思われ、好んで読まれる五章から七章の「山上の説教」について。戦前は「山上の垂訓」と呼ばれてきた。垂訓という言葉はなつかしいが、あらためて垂訓の意味を辞典で引いて見た。たとえば『新潮現代国語辞典』には「教訓を施すこと。また、その教訓。山上——〔ヘボン〕」と書いてある。ヘボンは日本初期の宣教師で『和英語林集成』という辞典を編纂した人でもある。そうするとヘボンが用いた垂訓といういいかたを日本の教会が用いるようになったのかもしれない。歴史にあまり詳しくないのでまちがっているかもしれないが、「山上の説教」と呼ばれるようになったのは戦後のことと思われる。イエスは山上で群衆に「地の塩、世の光となれ」と道徳的な訓示をしたのではない。あなたがたは地の塩であると断定されたのだ。神の国の到来とか罪の赦しなどという、人間を新しくする福音について語ったのである。使徒パウロはコリント人への第一の手紙一五章三節以下で、「わたしが最も大事なこととしてあなたがたに伝えたのは、わたし自身も受けたこと、すなわち、キリストが聖書に書いてあるとおり、わたしたちの罪のために死んだこと、そして葬られたこと、聖書に書いてあるとおり、三日目によみがえったこと」と記している。最も大事なこととはキリストの死と復活である。復活してケパや弟子たちにも現れた。その連続の中にパウロも置かれている。その中に自分もいる。最も大事なこととしてのキリストの出来事、それが自分にも起っている。そのことを語り伝える態度に欠けが見える。純度が気にかかるというのはそういうこと。わたしとしても、じゅうぶんに自戒しなければならないことと思っている。

二〇一五年六月

林　勵三

マタイによる福音書〈13章から16章の説教〉

発行日……二〇一五年十一月二日　第一版第一刷発行
定価……[本体一七〇〇＋消費税]円
著者……林　勵三
発行者……西村勝佳
発行所……株式会社　一麦出版社
札幌市南区北ノ沢三丁目四―一〇　〒〇〇五―〇八三二
郵便振替〇二七五〇―三―二七八〇九
電話（〇一一）五七八―五八八八　ＦＡＸ（〇一一）五七八―四八八八
URL http://www.ichibaku.co.jp/
携帯サイト http://mobile.ichibaku.co.jp/
印刷……株式会社総北海
製本……石田製本株式会社
装釘……鹿島直也

ISBN978-4-86325-091-8 C0016